탁월함을 만드는
일의
언어

일과 삶에서 나를 증명하고 성장하는 보고의 기술

탁월함을 만드는 일의 언어

☐ WORK

☐ REPORT

☐ PRESENTATION

☐ RELATIONSHIPS

김은애 지음

블랙피쉬

| 프롤로그

나의 가치를 증명하는 일의 언어

우리는 하루에도 수십 번, 크고 작은 '일의 언어'를 주고받습니다.

"이 부분은 어떻게 해야 할까요?"

"이 사안은 결정을 부탁드립니다."

짧은 한마디가 누군가의 판단을 이끌고, 또 다른 한마디가 프로젝트의 방향을 바꾸기도 합니다.

그 언어가 바로 '보고'입니다.

많은 사람들은 보고를 여전히 상사에게 올리는 형식적인 절차, 파워포인트 몇 장 정도로만 생각합니다. 하지만 보고는 그 이상입니다. 보고는 단순히 사실을 전달하는 행위가 아니라, 일을 움직이고 성과를 만들어 내는 언어입니다. 그리고 그 언어는 신뢰를 만들고,

그 신뢰가 곧 탁월함으로 이어집니다.

한 신입 사원이 있었습니다. 중요한 수치 하나를 잘못 기재한 채 보고를 하게 되었죠. 순간 공기가 싸늘해졌습니다. 그때 그는 이렇게 말했습니다.

"이 부분은 제가 확인을 소홀히 했습니다. 지금 바로 체크해서 정확히 다시 보고드리겠습니다."

실수 자체보다 그의 태도가 리더의 신뢰를 얻었습니다. 그 한 문장이 그의 이미지를 바꾸었고, 팀은 오히려 더 강하게 결속되었습니다. 보고는 데이터를 넘어서 신뢰를 만드는 언어임을 보여 주는 순간이었습니다.

AI가 보고서를 대신 써 주고, 데이터가 자동으로 시각화되는 시대에도 변하지 않는 것이 있습니다. 판단과 실행을 이끄는 것은 결국 사람의 언어라는 사실입니다. 기계는 수많은 정보를 나열할 수 있지만, 그 정보를 어떻게 해석하고 어디로 이끌어야 하는지는 결국 사람이 결정합니다. 기계가 채워 줄 수 없는 마지막 공백, 그 자리에 인간의 보고가 놓여 있습니다.

또 다른 장면을 떠올려 봅니다.

위기 상황에서 한 중간 관리자가 5분 만에 구두 보고를 해야 했습니다. 그는 장황한 설명 대신 단 세 줄로 핵심을 정리했습니다.

"현재 문제는 ○○입니다. 이로 인해 △△의 위험이 있습니다. 그래서 지금 바로 □□를 실행해야 합니다."

그 명확한 보고 한 줄이 리더의 빠른 결정을 이끌어 냈고, 조직은 손실을 막을 수 있었습니다. 탁월함은 이렇게 '일의 언어'를 통해 만들어지는 것입니다.

이 책은 보고가 두려운 신입에게, 보고를 통해 리더십을 세워야 하는 중간 관리자에게, 보고를 받으며 조직을 움직이는 리더에게 전하고자 합니다. 보고는 더 이상 업무의 절차가 아닙니다. 그것은 탁월함을 만드는 일의 언어입니다.

이 책을 덮고 나면, 여러분은 스스로에게 이렇게 말할 수 있을 것입니다.

"나는 단순히 보고하는 사람이 아니라, 보고를 통해 성과와 신뢰를 만들어 내는 사람이다."

저 역시 지금도 현장에서 매일 탁월함을 위해 스스로를 갈고닦습니다. 제 개인이 결코 탁월해서가 아닙니다. 다만 어제보다 오늘, 그리고 내일 더 건강하고 행복하게 일하고 살아가기 위해 오늘도 탁월함을 향해 정진할 뿐입니다.

탁월함은 어느 날 갑자기 주어지는 것이 아니라, 매일의 작은 선택과 말, 그리고 보고의 언어 속에서 조금씩 다듬어지고 쌓여서 완성되기 때문입니다. 이 책이 여러분의 일상 속 보고를 더 깊이 성찰하게 하고, 그 속에서 스스로의 탁월함을 발견하도록 돕는 작은 길잡이가 되기를 바랍니다.

    오늘도 수고했을 여러분을 응원합니다.

김은애

차 례

| 프롤로그 _ 4

PART 1
보고의 정의:

- 일을 정의하다 _ 14
- 보고의 변천사 _ 16
- 조직의 성공을 결정하는 합의의 언어 _ 20
- 보고 없는 일은 없다: 생존의 공식 _ 22
- AI 시대 일은 무엇인가? _ 25
- 어제와 오늘의 보고는 왜 달라야 하는가? _ 30
- 자동화된 데이터와 인간의 판단력 _ 35

PART 2
보고의 글:

- 보고의 핵심은 텍스트에 있다 _ 40
- 글은 어떻게 보고가 되는가? _ 45

보고서도 설계가 필요하다: 생각을 디자인하는 힘 _ 52

보고서는 테크닉이 아니다 _ 57

보고의 글을 위한 레시피 _ 60

보고서 쓰기는 하나의 건물을 짓는 것과 같다 _ 68

모든 데이터는 끝까지 추적하라 _ 72

아카이빙은 보고서의 힘이다 _ 77

보고를 위한 글쓰기: 다섯 가지 핵심 능력 _ 83

병원 차트에서 배우는 보고의 구조 _ 93

PART 3
보고의 말:

일의 언어를 익혀야 보고를 잘할 수 있다 _ 102

구두 보고의 함정: 맥락의 충돌에서 생기는 오해 _ 106

보고의 시작은 사고력 _ 110

코로나19 이후, 사고의 패러다임이 바뀌었다 _ 113

보고의 말과 일상의 말은 다르다 _ 116

위기를 기회로 만드는 보고 한마디 _ 119

리딩 컴퍼니들의 보고의 비밀 _ 123

소크라테스 보고법: 완벽한 보고의 정석 _ 135

스티브 잡스 보고법: 본질만 남기는 단순화 _ 140

구두 보고의 시작: 사전 질문 _ 144

성장을 이끄는 리더의 피드백 기술 _ 148

모든 보고에 인사이트를 담아라! _ 150

초등학생도 이해하게 보고하라 _ 154

두괄식으로 보고하지 마라 _ 158

결론을 만드는 보고의 기술 _ 162

본 보고보다 더 중요한 것 _ 165

사전 보고 없이는 성공적인 보고도 없다 _ 167

보고는 말보다 얼굴 _ 173

PART 4
보고의 사람:

보고의 출발 _ 178

당신은 어떤 유형의 보고자인가?: 보고 성향 테스트 _ 181

'무엇'을 보고하느냐보다 '누가' 보고하느냐가 중요 _ 184

보고는 위아래가 없어야 한다 _ 187

보고받는 사람을 감동시켜라! _ 190

관련된 모든 조직과의 얼라인먼트 _ 194

소프트 스킬의 중요성 _ 198

신뢰가 곧 설득력 _ 202

팀 리더를 위한 보고 인사이트 _ 205

보고받는 사람도 훈련이 필요하다 _ 212

최고의 인재들은 왜 보고를 잘하는가? __ 216

데이터를 넘어 리더의 마음을 움직이는 기술 __ 218

신입도 보고의 자격이 있다: 처음부터 훈련하라 __ 222

초보 보고자를 위한 레시피 __ 226

다른 사람보다 하나 더 생각하라 __ 231

HOW식 보고를 하라 __ 234

자신의 답을 가져가라 __ 237

누가 보고하는가? __ 240

도대체 누가 보고를 잘하는가? __ 245

보고는 감정 노동이다: 감정을 조율하는 법 __ 250

보고자는 배우다: 연기력, 전달력, 리액션까지 __ 254

| 에필로그 __ 258

PART 1

보고의 정의:

- [ ] WORK
- [ ] REPORT
- [ ] PRESENTATION
- [ ] RELATIONSHIPS

일을
정의하다

인류의 역사는 일의 역사라고 할 수 있습니다.

역사적 관점에서 일의 역사를 살펴보면, 선사 시대 사냥과 채집은 초기 인류의 생존을 위한 일이었습니다. 모든 일은 공동체의 생존과 직결되었고, 일(= 노동)의 형태는 인류(= 종족)의 생존 활동이었습니다. 고대 시대는 정착 생활이 본격화되면서 농업의 발달로 농경 노동이 주된 일의 형태로 자리 잡았습니다. 대규모 노동력을 바탕으로 한 농업 활동은 잉여 생산물을 낳았고 이는 다양한 직업이 출현하게 된 토대가 되었습니다. 이후 중세 시대에 접어들면서 공예와 상업이 발달하고 길드가 형성되면서 특정 기술을 연마하는 장인들이 직업인으로 자리 잡기 시작했습니다.

일의 역사에 가장 큰 영향을 끼친 것은 근대 시대입니다. 18세기 후반부터 시작된 산업 혁명 즉, 근대 사회는 인류의 역사에 많은 변화를 가져왔습니다. 특히, 기계화와 공장제 시스템은 일의 역사에 혁명과도 같은 변화였습니다. 대규모 생산이 가능해지면서 많은 사람들은 농촌을 떠나 도시로 이주하여 공장에서 일하게 되었습니다. 오늘날 노동 시간, 임금 체계 그리고 작업 환경 개선 등과 같은 문제를 인식하게 된 시점도 근대 시대입니다.

20세기 중반 이후 우리가 현대 사회라고 말하는 시대에 접어들면서 공장형 제조업보다 서비스 산업이 주요 일의 역사를 말하게 되었습니다. IT 정보기술의 발달은 정보와 지식 중심의 일자리를 증가시키고, 21세기 들어서는 AI(인공지능), 자동화, 로봇 등과 같이 기술이 비약적으로 발전하면서 전통적인 일의 개념이 급속도로 변화를 맞이하게 되었습니다. 이렇듯 일의 역사는 인류 사회의 발전과 긴밀하게 연결되어 있고, 기술의 발전과 경제 구조의 변화에 따라 끊임없이 진화해 오고 있습니다.

진화론적 관점에서 진화는 환경에 적응하여 살아남거나 환경을 뛰어넘는 형질의 유전자로 거듭나는 것을 의미합니다. 반면에, <u>일의 진화는 환경 적응을 넘어 새로운 환경과 일을 창조하고 이끌어가는 것을 의미합니다.</u> 이제 우리가 마주하는 시대의 일은 무엇일까요? 생존을 위한 것인지, 성장을 위한 것인지 궁극적으로 일은 왜 해야 하는 것인지, 모두가 일을 정의해야 하는 시대에 우리는 서 있습니다.

보고의 변천사

과거부터 현재에 이르기까지, 조직에서 보고(報告)는 시대의 변화에 따라 그 구조와 기능이 끊임없이 진화해 왔습니다. 보고는 단순한 커뮤니케이션*을 넘어, 조직 운영과 전략 결정의 중심축으로 자리 잡아 왔습니다.

1. 산업화 이전 – 수작업 중심의 비공식 보고

19세기 중반 이전에는 소규모 장인 조합, 가내 수공업, 농경 사회 중심의 조직 구조에서 보고는 비공식적이고 개인 중심적인 형태로 이뤄졌습니다. 말로 전달하거나 수기로 기록된 보고는 상급자에게 상

---

* 커뮤니케이션(Communication)이란, 원래 라틴어의 'Commūnicāre'에서 유래한 것으로 '같이 이야기하다', '협의하다', '대담하다', '상담하다'란 뜻을 가지고 있습니다. 우리말로 '의사소통'으로 가장 많이 번역됩니다.

황을 알리기 위한 목적에 한정됐고, 구두 명령과 회신의 반복이 대부분이었습니다. 이 시기의 보고는 기록보다는 관계나 직관에 의존하는 성격이 강했습니다.

2. 산업화 시대 – 계층 중심의 일방향 보고 체계

19세기 후반 산업 혁명 이후 대규모 공장이 등장하면서, 효율성과 통제가 강조되는 조직 구조가 확립되었습니다. 테일러의 과학적 관리법이나 포드식 생산 방식이 널리 퍼지면서, 보고는 계층적인 위계 구조하에서 정형화된 형태로 발전합니다. 종이 문서를 기반으로 한 공식 보고서, 생산 실적표, 사고 보고서 등이 등장했고, 보고는 상명하복 체계의 핵심 수단이 되었습니다. 이 시기 보고는 일방향적이며, 상급자의 의사 결정을 위한 자료 수집 도구 역할에 집중되었습니다.

3. 정보화 초기 – 보고의 표준화와 문서 중심 체계

1970년대부터 1990년대 초반까지는 워드 프로세서, 복사기, 초기 컴퓨터 시스템이 도입되며 보고 방식도 점차 디지털화되기 시작했습니다. 조직 내부에서는 주간 보고, 월간 실적 보고, 사업 계획서 등 보고 양식이 표준화되었고 문서 기반 관리가 강조되었습니다. 이 시기의 보고는 형식과 절차에 중점을 둔 관리 도구로 기능하며, 실무자에게는 결과를 수집해 전달하는 수단이었고, 관리자에게는 성과 관리와 통제의 수단이었습니다.

4. 디지털 전환기 – 실시간 협업 기반의 보고

2000년대 들어 인터넷과 디지털 기술이 급속히 발전하면서 조직 내부 보고 방식도 큰 전환점을 맞습니다. 이메일, ERP* 시스템, 협업 플랫폼이 등장하면서 보고는 더 이상 일방적인 전달이 아닌, 실시간 공유와 양방향 피드백이 가능해졌습니다. 보고는 고정된 양식보다 문맥과 목적 중심으로 유연해졌고, 수평적 커뮤니케이션과 팀 간 협업이 보고의 핵심 역할로 자리 잡기 시작했습니다. 이 과정에서 보고는 단순한 '상사에게 전달'이 아니라, 전사적 의사 결정과 실행의 연결고리로 진화하게 되었습니다.

5. AI 기반 시대 – 판단과 제안을 포함한 전략 보고의 시대

2020년대에 들어서면서 보고는 또 한 번의 근본적인 변화를 맞이합니다. AI, 빅데이터, 자동화 시스템의 발전으로 인해 단순한 데이터 정리나 요약은 기계가 더 빠르고 정확하게 처리하게 되었고, 사람은 이제 팩트를 기반으로 해석하고 전략을 제안하는 역할을 맡게 되었

---

* ERP(Enterprise Resource Planning)는 전사적 자원 관리를 말합니다. 기업의 근간을 이루는 업무 프로세스인 생산, 판매, 영업, 재고, 인사, 회계 등을 통합 관리하는 경영 관리용 대형 패키지 소프트웨어를 뜻합니다.

습니다.

　보고는 더 이상 '일어난 일을 전달하는 것'이 아니라, 팩트에 기반한 해석과 주도적인 방향 제시를 포함해야 하는 전략적 행위가 되었습니다. 조직은 보고를 잘하는 사람을 단순 전달자가 아닌 의사 결정 파트너이자 실행 리더로 인식하게 되었으며, 이는 곧 개인의 커리어 성장과도 직결되었습니다. 이 시대의 보고자는 AI를 도구로 활용하며, 데이터를 조직의 맥락에 맞춰 해석하고, 복수의 옵션과 추천안을 통해 명확한 판단을 제시할 수 있어야 합니다. 조직 내 보고는 사고와 설계를 바탕으로 한 설득과 기여의 행위로 자리 잡았고, 이는 점점 더 고도화되고 있습니다.

　보고는 역사적으로 단순한 전달에서 출발해, 지금은 조직 내 전략 방향을 함께 고민하고 제안하는 고차원적 소통의 도구로 진화했습니다. 이 흐름 속에서 살아남는 보고자는 단순히 '잘 전달하는 사람'이 아니라 스스로 사고하고 결정에 기여하는 사람이어야 합니다.

조직의 성공을 결정하는
합의의 언어

보고는 단순히 무언가를 '전달하는 행위'로 치부되기 쉽지만, 실제로는 정보를 정리하고 해석하여 조직의 판단과 실행을 유도하는 합의의 언어입니다. 보고가 잘되는 조직은 '어떤 정보를 어떻게 전달하고 어떤 방식으로 판단을 내릴 것인가'에 대해 공통의 언어를 갖고 있는 조직입니다.

그 언어를 정립하고 체계화한 것이 바로 시스템입니다. 보고서 양식, 주간 회의 포맷, 의사 결정 기준표, 요약과 핵심 포인트 중심의 전달 방식 모두는 사람 간 커뮤니케이션을 구조화하기 위한 장치입니다. 결국 보고 시스템이란 복잡한 조직 내 다양한 정보와 시각을 단순하게 정리하고 전달하기 위한 문법과 프레임인 셈입니다.

조직이 성장하고 산업이 고도화되면서 다양한 시스템과 프로세스가 도입되었습니다. 표면적으로는 '일의 효율성 향상'이라는 명분

아래 업무 표준화, 분업, 자동화가 강조되었지만, 그 이면을 들여다 보면 결국 이 모든 변화의 핵심은 **소통의 구조화**에 있다고 볼 수 있습니다.

특히 보고 체계는 조직 내에서 가장 중요한 소통 구조입니다. 사람과 사람이 함께 일하는 조직에서 정보가 명확히 전달되고, 그 정보가 해석되어 의사 결정으로 이어지기 위해서는 보고 체계가 단순하고 일관되어야 합니다. 즉, <u>시스템의 목적은 기계적 효율성 이전에 사람 간 소통의 오류를 줄이고, 신속하고 정확한 판단을 가능하게 하는 데 있는 것입니다.</u>

과거에는 개인의 경험과 감각에 의존해 소통이 이루어졌다면, 산업화와 정보화 이후에는 보고 체계를 통해 '무엇을 언제 어떻게 전달할 것인가'가 명문화되기 시작했습니다. 이는 조직 내의 오해를 줄이고, 의사 결정에 필요한 정보를 적시에 전달받도록 하기 위한 일종의 공식 언어 시스템이었습니다. 따라서, 시스템 구축의 궁극적 목적은 단지 기계적인 생산성 향상이 아니라, 사람과 사람 사이의 소통을 더 명확하고 생산적으로 만들기 위한 전략적 진화라고 해석할 수 있습니다.

보고 없는 일은 없다
: 생존의 공식

"김 대리는 보고를 참 잘해." 조직에서 이런 말이 들린다면, 이는 단순히 말솜씨가 좋다는 뜻이 아닙니다. 그 말 속에는 '김 대리는 생각과 정보를 명확하게 공유할 줄 아는 사람'이라는 깊은 의미가 담겨 있습니다. 보고는 조직 내 수많은 활동(문서 작성, 회의 발언, 발표, 이메일 커뮤니케이션, 일상적인 업무 대화, 심지어 부하 직원 지도까지) 모두와 맞닿아 있습니다. 보고 능력은 단순히 보고서를 잘 쓰는 기술이 아니라, 조직 내 모든 관계와 소통의 방식에서 드러나는 총체적인 역량입니다. 결국 보고를 잘한다는 것은 업무 능력이 탁월하다는 말과 다름없습니다. 회사의 언어를 잘 이해하고, 그것을 기반으로 다양한 채널을 통해 자주 소통하고 협업하는 사람. 이런 사람이야말로 보고 역량을 갖춘 사람, 그리고 조직에서 인정받는 진정한 '탤런트Talent'입니다.

보고 능력은 흔히 '말을 잘한다'는 오해를 받기도 합니다. 하지만 단순한 언변을 의미하는 것이 아닙니다. 유명한 미국의 처세술 전문가 데일 카네기는 "한 사람의 성공은 15%의 기술 지식과 85%의 언어 표현 능력에 달려 있다"고 했습니다. 여기서 말하는 '언어 표현 능력'은 그저 유창하게 말하는 기술이 아닙니다. 바로 보고 능력 즉 자신의 생각을 구조화하고, 타인과 공유하며, 조직 안에서 실행 가능한 방향으로 제시할 수 있는 능력입니다.

보고 능력이 중요한 이유는 조직에서 일이 단번에 끝나는 경우가 거의 없기 때문입니다. 하나의 과업이 완성되기까지는 수차례의 이메일, 전자 결재 반려, 회의와 조율이 이어집니다. 조직이란 수많은 셀Cell이 연결된 유기체Organization이고, 그 유기체가 기능하기 위해서는 지속적인 소통과 피드백이 필요합니다. 이때 중심에 있는 것이 바로 '보고'입니다.

코로나19 팬데믹 이후, 조직은 물리적 공간과 시간의 경계를 넘는 새로운 근무 형태를 받아들였습니다. 자율 출근제, 재택근무, 워케이션(Workcation. 업무와 휴가를 동시에 소화하는 근무 제도), 주 4.5일 근무제와 같은 변화는 개인의 몰입과 창의성에는 긍정적 영향을 미쳤지만, 반대로 동료 간 협업, 빠른 의사 결정, 상사와의 관계 형성에는 부정적인 영향을 미친다는 연구 결과도 있습니다. 최근 위워크(WeWork. 미국의 공유오피스 기업)의 조사에 따르면, 재택근무 중인 직원들은 협업과 창의적 문제 해결, 아이디어 도출 등에서 어려움을 겪고 있으며, 특히 협업이 잦은 직군일수록 성과 저하를 경험하고 있는 것으로 나타났습니다. 여기에 AI 시스템 도입이 더해지면서 개인 간의 물리적 단절은 더욱 가속화되고 있습니다. 이런 상황에서 '보고하지 않는다'는 것은 곧 '일을 하지 않는 것'과 다름없는 평가를 받을 수밖에 없습니다.

<u>조직의 규모가 크고, 시스템 중심으로 운영될수록 일의 결과는 '보고'로 결정됩니다.</u> 아무리 창의적인 아이디어가 있어도, 이를 명확한 언어로 표현하고 구체화하지 않는다면 실현될 수 없습니다. 그 구체화의 과정, 실현의 첫 단추가 바로 보고입니다. 결과적으로 말하자면, 보고가 곧 일의 결정체입니다. 보고하지 않는 사람은 결국 일하지 않는 사람으로 인식될 수밖에 없습니다.

AI 시대
일은 무엇인가?

현대 산업 사회를 AI 시대라고 말하고 있지만 이전 시대를 우리는 IT 시대라고 했습니다. AI(Artificial Intelligence. 인공지능)와 IT(Information Technology. 정보기술)의 가장 큰 공통점은 무엇일까요? 기능적으로는 데이터 활용과 관리 그리고 업무 자동화와 효율성입니다. IT 시대가 도래했을 때 일자리가 감소하고 실직을 할지도 모른다는 두려움이 팽배했습니다. 지금 AI 시대에 느끼는 두려움과 같은 경험이었지요.

하지만, 일자리가 감소하는 대신 오히려 정보기술의 발전은 다양한 스타트업을 토대로 새로운 산업을 창조하고 새로운 직업들을 (예를 들어 머신러닝 엔지니어, 사이버 보안 전문가, 웹툰 작가 등) 탄생시켰습니다. 인공지능의 개입도 같은 형태로 새로운 산업을 창조하고 우리의 일을 새롭게 변화시키고 있습니다.

반대로, AI와 IT의 가장 큰 차이점은 무엇일까요? 기능적으로

IT는 데이터의 효율적인 관리와 처리를 목표로 하고 있습니다. 반면에, AI는 이미 처리된 데이터를 통해 학습하고 지능적인 결정을 내리는 것을 목표로 하고 있습니다. 여기에서 우리는 IT와 AI 프로세스의 메커니즘을 살펴봐야 합니다.

IT 프로세스	• 업무 자동화, 데이터 관리, 시스템 통합 등 IT 시스템 운영과 관리에 중점을 둔다. • 규칙 기반 시스템을 통해 반복적인 작업과 워크플로우 Workflow 최적화를 목표로 한다.
AI 프로세스	• 데이터에서 학습하여 패턴을 발견하고, 예측 및 의사 결정을 지원하거나 자동화한다. • 지능적이고 동적인 문제 해결 및 적응을 목표로 한다.

IT 시대에 일은 툴Tool을 학습하고 개발하여 방대한 양의 데이터를 선별하고 처리하고 분석하는 것에 초점을 두었습니다. IT 시대에 일을 잘한다는 것은 툴을 이해하고 다루는 것이었습니다. 프로세스를 이해하고 정해진 마감 기한에 데이터를 입력하고 다음 프로세스를 위한 작업을 마치는 것이 일을 잘하는 척도였습니다.

이에 비해, <u>AI 시대의 일은 비즈니스를 위한 의사 결정을 하는 것입니다.</u> 정확하고 빠른 의사 결정이 비즈니스에서 그리고 매일의 과업에서 얼마나 중요한지 우리는 잘 알고 있습니다. 과거 맨파워로 해결되었던 영역은 빠르게 없어지거나 대체되고 솔루션과 의사 결정을 위한 작업들이 지금 우리의 일을 채워 나가고 있습니다. 지금까지의 일은 직무별·직급별 역할과 역량이 명확하게 구분되었습니다. 그 기준에 따라 인재를 선발하고 양성하는 데 초점을 맞추었습니다. 예를 들어, 누군가는 데이터를 입력하고 출력합니다. 누군가는 데이터를 관리합니다. 다음으로 누군가는 데이터를 활용합니다. 최종적으로 누군가는 결정을 내립니다. 이런 일련의 일을 '프로세스'라고 말해 왔습니다. 즉, 결정을 내리기 위한 과정 Decision-making process 이었습니다.

최종 결정에 오류가 발견되면 다시 데이터를 입력하고 결정을 내리기 위한 과정을 다시 밟습니다. 반복되는 이 과정에서 우리는 학습을 합니다. 하지만 이제 이 과정을 AI가 스스로 실행하고 스스로 학습합니다. 비즈니스 결정을 위한 사전 단계가 AI에 의해 단숨에 해결이 된 것입니다. 그 결과 비즈니스 리듬이 빨라져 시장 흐름을 촉진하고 산업 사회의 토양 즉 환경이 변화하게 된 것입니다.

일터에서는 직무와 직급의 경계가 무너지고, 누구나 결정하고 실행하고 비즈니스에 직접 개입할 수 있게 되었습니다. 이런 변화는 비즈니스에 가장 중요한 단계인 '결정하기 Making a decision'에만 집중할 수 있게 합니다. 프로세스 대부분이 AI에 의해 실행되고 있지만 프로세스 밖의 요소들 즉, 상황 관찰과 분석 그리고 순간적으로 요구되는 수많은 결정은 인간의 개입 없이는 불가능합니다.

이런 요소들은 결국 커뮤니케이션을 통해서만 가능합니다. 비즈니스 결정을 위한 커뮤니케이션이 바로 '보고하기'입니다. 결정을 잘한다는 것이 현대 조직에서 일을 잘한다는 것을 의미하고 결국 '보고하기'를 잘해야 일을 잘할 수 있습니다.

그런데 '커뮤니케이션'의 사전적 의미와 '보고하기'의 의미는 다릅니다. 커뮤니케이션은 상호 소통을 전제로 하고 있습니다. 그래서 쌍방향 의사소통 Two-way communication이라고 말합니다. 하지만 '보고하기'는 엄밀히 말하면 한 방향 의사소통 One-way communication 입니다.

조직의 결정은 톱다운 Top-down 방식에서 바텀업 Bottom-up 방식으로 이동되고 있습니다. 두 방식의 공통점은 모두 단계를 거치면서 흘러간다는 것입니다. 방향이 다를 뿐입니다. 톱다운 식은 주로 상위 조직의 관리자나 리더가 전략과 목표를 설정하고 이를 하위 조직이 실행하는 구조입니다. 반대로 바텀업은 하위 조직에서 상위 조직으로 정보나 제안이 올라가는 방식입니다. 하위 조직에서 도출된 아이디어와 피드백을 바탕으로 전략과 목표가 설정됩니다. 좀 더 쉬운 비교를 할 수 있습니다. "보고를 위한 보고를 한다"라는 말이 있습니다. 가장 전형적인 톱다운 방식의 의사 결정을 하는 조직입니다. 정해진 답을 두고 보고를 해야 하기 때문에 보고를 위한 보고를 할 수밖에 없습니다. 명확한 지시와 통제 그리고 최고 결정권자의 전략이 절대적이기 때문입니다. 결국, 보고하는 것이 일입니다.

바텀업 방식에서의 의사 결정은 실무자의 경험과 인사이트 그리고 더 많은 피드백과 조정 과정이 필요합니다. 그래서 '보고를 위한 보고' 대신 '보고를 위한 검증'이 중요합니다. 이 검증 작업이 바로 피드백과 조정입니다. 이 또한 결정을 위한 최종 단계에 도달하기 위한 과정인 것입니다.

일을 잘하는 사람은 자신이 맡은 일의 부분만 보지 않고 일의 전체를 볼 수 있는 사람입니다. 더 나아가 비즈니스 전체를 그릴 수 있는 사람이라면 조직의 리더가 될 수 있습니다.

어제와 오늘의 보고는
왜 달라야 하는가?

'보고하다'라는 말을 떠올리면, 과거 우리는 결재판에 출력된 기안을 끼워 넣고 상사의 자리를 미리 확인한 뒤 조심스럽게 찾아가, 정중하게 설명을 시작하는 장면을 연상하게 됩니다. 그 보고는 종종 "결재를 받는다"는 말과 동일하게 쓰였습니다. 이처럼 과거의 보고는 업무 실행을 위한 사전 승인 절차에 가까웠습니다.

계획된 업무를 실행하기 위해 상사의 결정이 필요했고, 그 판단의 근거로 '보고'라는 형식과 절차가 요구되었습니다. 보고를 통해 기획, 실행, 책임의 구분이 명확하게 정리되었기 때문에, 결과적으로 책임 소재와 성과 관리가 용이한 장점도 있었습니다.

지금도 다양한 조직에서는 산업의 특성에 따라 이와 유사한 보고 프로세스가 유지되고 있습니다. 특히, 제조업에서는 라인별 생산 계획 보고, 공공 기관에서는 정해진 양식의 결재 시스템, 대기업에서는 정기적인 보고 체계와 공식 문서가 대표적입니다. 이처럼 보고는 하드웨어와 소프트웨어를 기반으로 각 산업군과 조직에 최적화된 방식으로 여전히 존재하고 있습니다.

하지만 시대는 끊임없이 변하고 있으며, 보고 역시 형식은 유지되되 그 본질과 방식은 점차 달라지고 있습니다. 특히 생성형 AI와 디지털 전환이 빠르게 진행되면서, 보고에 대한 인식과 실천 방식도 큰 전환점을 맞이하고 있습니다. 어제와는 다른 오늘의 보고, 무엇이 달라졌을까요? 생성형 AI 시대에 들어서면서 보고는 어떻게 일의 구조와 소통 방식을 바꿔 놓고 있는 것일까요?

1. 대시보드 자동 생성

규칙적이고 반복적으로 요구되는 보고를 대시보드Dashboard형으로 구현합니다. AI를 활용해 데이터를 분석하고 자동적으로 보고서가 도출됩니다. 시간이 절약되고 데이터 분석의 실수가 거의 없고 반복되는 작업을 현저하게 줄입니다. 자동화된 보고 생성으로 **업무 효율성이 향상**됩니다. 특히, 데이터가 실시간으로 업데이트되기 때문에 즉각적인 보고가 필요한 경우 또는 팀별, 부서별 요구되는 보고의 형태에 맞게 **맞춤형 보고서를 자동으로 생성**할 수 있습니다. 예를 들면, 입·퇴사자 현황, 매출·매입 현황, 실시간 사업장별 상품 및 고객 분석이 있습니다.

대시보드형
인포그래픽

2. 데이터 기반 의사 결정

AI는 대량의 데이터를 처리하고 통찰력Insight을 도출하여 보고서에 반영합니다. **데이터 분석의 정확도**가 사람에 의해 처리될 때보다 우수합니다. 또한, 복잡한 데이터를 이해하기 쉽게 도표나 그래프로 변환하기 때문에 **시각화** 보고서가 가능합니다. 이러한 보고는 향후 비즈니스 동향 보고 등 **예측을 요구하는 의사 결정** 보고에 매우 유용합니다.

3. 소통 방식 변화

AI 챗봇 또는 생성형 AI를 통해 **실시간 질의 응답**이 현실화되었습니다.

단순히 텍스트가 아닌 영상, 음성 등 다양한 형식을 지원함으로써 **다양한 형태의 보고**가 가능해졌습니다. 글로벌 시대에 자동 번역 및 다국적 보고서가 제공되어 언어 장벽으로 인한 보고도 해소되었습니다.

4. 보고 내용의 정교화

보고 내용이 방대한 경우 AI가 내용을 요약해 주요 인사이트를 도출합니다. 결국 핵심 요약을 제공하는 데 활용됩니다. 다양한 비즈니스 상황과 산업에서 조직의 특정 목표나 상황에 맞게 **문맥 기반 보고서** 작성도 가능해졌습니다.

    AI로 인해 일의 보고 환경이 업그레이드되었다고 볼 수 있지만 이로 인해 보고가 없어진 것이 아닙니다. AI로 생성된 보고서는 그동안 수작업으로 많은 시간을 소모했던 데이터 분석 영역과 실시간 데이터 파악 등 업무 효율성 영역을 재편성했다고 보는 게 맞습니다. 업무 효율을 가져온 대신 AI 보고서의 정확성을 검증하기 위한 작업과 시간이 요구되었습니다. 예를 들어 데이터 편향성과 오류를 방지하기 위해 추가적인 점검 과정이 필수적이고 AI 보고서에 대한 책임과 투명성이 구성원에게 요구될 수밖에 없습니다. "이 보고서 누가 작성한 건가요? 몇 가지 확인이 필요한데?"라고 보고받은 사람이 이의를 제기한다면 "네, 이 보고서 AI가 만들었는데요"라고 답할 것인지 꼭 생각하고 넘어가야 할 문제입니다.

　어제와 다른 오늘의 보고는 단순 보고서 작성에서 AI가 생성한 보고서를 검토하고 전략적 인사이트를 도출하는 역할로 변화하게 됩니다. 결국, 생성형 AI 시대의 보고는 단순히 시간을 줄이는 데 그치지 않고, 더 나은 의사 결정을 지원하는 도구로 진화할 것입니다.

　변화하는 시대의 '보고하다'는 보고 자체보다는 이를 활용한 실행력 강화에 초점이 되어 보고는 이제 '실행하다'로 변모하고 결과적으로 '일을 하다'가 되는 것입니다. 이것이 어제와 다른 오늘의 보고입니다.

자동화된 데이터와
인간의 판단력

"보고는 더 이상 사람이 하지 않아도 되는 것 아닐까?"

요즘 조직 내에서 흔히 들리는 질문입니다. AI가 실시간으로 수집한 데이터를 대시보드에 시각화하고, BI 툴*이 자동으로 분석 결과를 정리해 주는 시대입니다. 몇 번의 클릭만으로 주간 리포트가 생성되고, 예측 지표와 이상 탐지까지 자동으로 제안됩니다. 보고의 자동화가 실현된 듯 보입니다.

그러나 정작 중요한 순간에는 여전히 사람이 직접 보고합니다. 오늘날 자동화된 수치는 아무 말이 없습니다. 숫자는 '말'이 되지 않으며, 데이터는 '의미'를 설명하지 않습니다. 경영진이 궁금해하는

---

* BI(Business Intelligence) 툴은 데이터를 수집, 분석, 시각화하여 기업의 의사 결정을 돕는 소프트웨어입니다.

것은 '무슨 일이 일어났는가'가 아니라 '왜 그런 일이 일어났고', '무엇을 해야 하는가'이기 때문입니다. 이 질문에 답하는 것은 여전히 사람의 몫입니다.

AI 시대의 보고자는 달라져야 합니다. 더 이상 단순한 수치 나열이나 복붙(내용이나 형태 따위를 복사하여 붙임)이라고 일컫는 요약은 의미가 없습니다. 오히려 기계가 하지 못하는 '판단'과 '통찰'을 제공하는 능력이 매우 중요해졌습니다. 자동화된 보고가 보여 주는 결과를 토대로, 무엇이 이 결과를 이끌었는지 해석하고, 이 데이터의 맥락과 한계를 짚어 내며, 조직이 앞으로 어떤 방향으로 나아가야 하는지를 제안할 수 있어야 합니다. <u>보이는 데이터를 그대로 전달하는 것은 보고가 아니라 사실상 업무 방임입니다. 해석 없이 전달하는 행위는 책임 있는 보고로 볼 수 없습니다.</u>

이제 보고는 '정보의 전달'이 아니라 '의미의 해석'이 되어야 합니다. 수많은 데이터 중 어떤 지표가 핵심인지 선별하고 그것이 우리 조직과 고객, 시장에 어떤 함의를 가지는지를 읽어 내는 능력! 그것이 바로 데이터 해석력과 인사이트 도출력으로 보고자의 핵심 역량이 된 것입니다.

또한 보고자는 AI가 제시한 분석 결과를 무비판적으로 받아들이는 것이 아니라, 그것을 검토하고 교차 검증하며 판단해야 합니다. 때로는 모델의 한계를 지적하고, 때로는 예외적 상황을 감안해 'AI의 결론이 틀릴 수 있음'을 조직에 설득력 있게 설명해야 합니다. AI의 분석은 빠르지만, 판단은 사람의 몫이기 때문입니다.

결국 AI 시대의 보고는 기술과 인간 사고의 협업입니다. 기계는 데이터를 수집하고 정리하고 분석합니다. 사람은 질문을 던지고, 해석하고, 의미를 만들어 냅니다. 보고자의 가치는 이 '해석과 제안'의 힘에서 나오게 됩니다. 자동화된 보고서의 끝에, 반드시 사람의 말이 붙어야 하는 이유가 여기에 있습니다.

PART 2

보고의 글:

- [ ] WORK
- [ ] REPORT
- [ ] PRESENTATION
- [ ] RELATIONSHIPS

보고의 핵심은
텍스트에 있다

비즈니스의 종류를 막론하고, 어떤 조직에서도 중대한 의사 결정을 구두 보고만으로 결정하는 경우는 없습니다. 중요한 사안일수록 반드시 문서로 정리되고, 기록되며, 그 문서를 기반으로 최종 판단이 내려집니다. 이 사실은 우리가 평소 간과하기 쉬운 말과 글의 차이, 특히 보고의 말과 보고의 글의 본질적인 차이에 대해 다시 생각해 보게 만듭니다.

 직관적으로 떠오르는 가장 큰 차이는 '말은 남지 않지만 글은 남는다'는 점입니다. 말은 순간적으로 전달되고 사라지지만, 글은 형태로 남아 증거가 되고 기준이 되며, 다시 참조할 수 있는 자료로 기능합니다. 따라서 말은 빠른 소통을 가능하게 해 주지만, 글은 신뢰 기반의 협업과 책임 있는 실행을 이끄는 데 필수적인 도구입니다.

 하지만 요즘은 기술의 발전으로 이러한 차이가 모호해지기도 합니다. AI 기반 음성 인식 시스템은 회의 내용을 실시간으로 기록하고 요약하며, 심지어는 보고용 PPT(파워포인트)까지 자동으로 생성해 줍니다. 이처럼 말이 글이 되는 기술이 빠르게 발전하면서, 일부 구성원들은 "그렇다면 굳이 문서화 보고까지 해야 할 필요가 있을까?"라고 반문하기도 합니다.

그러나 이 질문은 겉으로 보이는 기능적 측면만 바라본 것일 뿐, 보고의 글이 조직에서 수행하는 본질적 역할을 간과한 시각입니다. 진짜 중요한 질문은 '글은 왜 보고가 되는가?', '왜 말이 아니라 글이어야 조직을 움직일 수 있는가?'입니다.

말과 글은 다른 사고의 도구다
: 뇌의 작동 방식에서 나타나는 차이

말하기와 글쓰기는 단순히 표현 수단의 차원이 아닙니다. 사고를 움직이는 방식이 다릅니다. 신경과학적 연구에 따르면, 사람의 뇌는 말하기와 글쓰기를 담당하는 영역이 서로 다르며, 그로 인해 사고의 구조와 깊이 또한 달라지게 됩니다.

<u>말하기는 브로카 영역(운동 언어)과 베르니케 영역(언어 이해) 같은 감각적, 반응적 영역을 중심으로 작동합니다.</u> 이 영역은 즉흥적이고 상호 작용적인 커뮤니케이션을 가능하게 하지만, 동시에 감정적, 직관적 판단에 크게 의존하게 만듭니다. 따라서 말은 빠르고 유동적

이며, 청자의 반응에 따라 유연하게 전개됩니다. 반면에 <u>글쓰기는 전두엽(논리, 계획, 문제 해결)과 두정엽(언어의 구조 구성)을 중심으로 작동합니다.</u> 이는 논리적 사고와 구조적 정리, 단계적 전개를 가능하게 해 주며, '정보를 분석하고, 사고를 구성하고, 판단을 정리하는' 체계적인 사고의 흐름을 유도합니다. 즉, 보고의 글은 감각의 표현이 아니라 사고의 설계입니다. 말은 순발력이고 감각이지만, 글은 분석과 숙고의 결과물입니다. 그래서 중요한 결정은 말이 아니라 글로 정리되고 공유되어야만 조직 내 실행력을 갖습니다.

구분	보고의 말	보고의 글
사고방식	직관적, 감정적	논리적, 분석적
속도	즉흥적, 빠름	숙고 가능, 느림
구성	유동적, 비공식	체계적, 공식 문서
수정 가능성	즉각적 피드백, 반복 필요	반복 검토, 편집 가능
기록성과 확장성	남지 않음, 구두 전달 한계	공유 가능, 아카이빙* 가능

이 표는 단순한 표현 방식의 차이가 아니라, 보고가 '어떤 사고

---

* 아카이빙(Archiving)은 정보 또는 자료를 보존하고 체계적으로 저장하는 과정입니다.

프레임에서 완성되는가'의 차이를 보여 줍니다. 보고의 핵심은 결국 '정보 분석 → 사고 전개 및 확장 → 의사 결정'이라는 일련의 흐름을 체계화하는 데 있으며, 이는 말이 아닌 글을 통해 가능해집니다.

말로만 하는 사람이 신뢰받지 못하는 이유

직장인이라면 한 번쯤은 들어 봤을 법한 말이 있습니다. "김 과장님은 맨날 말로만 때우고, 뒷일은 우리가 다 해." 이러한 불만은 단순히 그 사람이 게으르거나 책임감이 없다는 비난이 아닙니다. '말만 있고 구조화된 사고가 없다'는 조직적 불안감의 표현입니다. 글로 정리하지 못한다는 것은 사고의 프레임이 약하고, 실행 기준이 모호하며, 책임의 기준이 불분명하다는 뜻이기도 합니다. 글로 정리한다는 것은 단순히 문서를 만든다는 의미가 아니라, 사고를 확장하고 실행의 기준을 제시한다는 의미입니다. 보고의 글은 '위에서 아래로'만이 아니라 '아래에서 위로', 그리고 '옆으로'도 작동합니다.

　보고의 글은 상사에게 보고할 때만 필요한 것이 아닙니다. 팀 리더가 구성원에게 업무를 지시할 때, 팀 간 협업 요청을 보낼 때, 클라이언트에게 상황을 설명할 때도 모두 보고의 글쓰기 역량이 필요합니다. 특히 리더의 입장에서는 '말로 지시하면 잘못 전달되고, 문서로 주면 기준이 된다'는 점을 명확히 인식해야 합니다. 또한 요즘처럼 협업 툴이 발달한 조직에서는 글이 곧 업무의 기반이자 실행의 출발점이 됩니다. 이메일, 슬랙, 노션, 구글 워크스페이스 등 대부분의 업무는 텍스트 기반으로 진행되며, 이 모든 활동에서 보고의 글쓰기 능력은 곧 '업무 능력'입니다. 글은 보고가 되는가, 아니면 보고가 글이 되는가? 이제 우리는 물어야 합니다.

- "보고서 한 장이 조직을 움직일 수 있는 이유는 무엇인가?"
- "보고는 결국 사고를 정리하고 실행을 유도하는 글쓰기의 과정이 아닌가?"

보고의 글은 단순한 문장이 아닙니다. 그것은 생각을 구체화하고, 판단을 가능하게 하며, 실행을 설계하는 도구입니다. 그래서 <u>보고의 글쓰기는 '말을 잘하는 능력'이 아니라, 일을 구조화하고 끝까지 책임지는 힘에서 나옵니다</u>. 보고의 글을 잘 쓴다는 것은 생각의 단계를 논리적으로 정리하고, 타인의 입장에서 판단을 유도할 수 있는 구조를 설계할 줄 안다는 뜻입니다. 그리고 이 능력이 바로, 조직에서 진짜 '일을 할 줄 아는 사람'을 판별하는 기준이 됩니다. 그렇다면 이렇게 중요한 보고의 글은 구체적으로 어떻게 설계되어야 하고, 어떤 방식으로 문서화되어야 업무가 완성되는 것일까요?

글은 어떻게
보고가 되는가?

보고의 목적이 '의사 결정'이라면 보고의 본질은 '효과적인 전달'이라고 할 수 있습니다. 보고를 받는 대상이 쉽게 이해하고 필요한 조치를 취할 수 있도록 명확하고 논리적이어야 합니다. 이렇게 작성되어야 효과적으로 전달이 된다고 할 수 있습니다. 효과적인 전달을 위해서는 간결함Conciseness과 명료함Clarity이 제일 중요합니다. '간결하다'의 사전적 의미는 불필요한 요소를 줄이고 핵심적인 내용만 담아 깔끔한 상태를 의미합니다. 간결한 과정이 논리적이어야 간결함의 끝은 명료함으로 남습니다. 즉, 명확한 것에 초점을 둘 수 있는 상태가 되는 것입니다. 결국, 의사 결정을 위한 최종 단계라고 할 수 있습니다.

그렇다면 간결하고 명료한 보고의 글은 어떤 과정을 거칠까요?

1. 보고 정의하기 (Definition)

'보고를 준비한다'라고 하면 대부분 자료 먼저 찾느라 고군분투합니다. 보고의 글 첫 단계는 <u>내가 지금 준비하는 보고가 무엇인지 정의하는 것입니다</u>. 흔히 "내 보고서가 까였다"라는 표현을 들어 본 적이 있을 겁니다. 보고 정의하기 단계를 거치지 않은 경우가 대부분입니다. "이 보고서 처음부터 다시 해야 할 것 같아요" 또는 "준비하시느라 고생 많으셨는데 이 보고서 어디서부터 잘못된 걸까요?"라는 말을 들어 본 적이 있다면 이 단계를 놓쳤다고 보면 됩니다.

보고를 정의하는 방법은 보고를 지시한 사람의 시점에서 즉, 전지적 상사 시점으로 보고를 정의하는 것입니다. 전지적 시점이라는 것이 모든 것을 알고 이야기하는 것처럼 상사의 시점에서 내가 모든 것을 알고 있다는 전제로 보고를 정의해 보는 것입니다. 상사 시점에서 보고를 정의하는 것은 이 보고가 '왜_{why} 필요한지? 무엇을_{what} 위한 것인지? 결국 최종적으로 누구의_{who} 의사 결정이 요구되는지?'를 명확하게 하기 위해서입니다.

전지적 상사 시점에서 보고의 정의가 끝나면 이를 상사와 확인하는 작업을 꼭 거쳐야 합니다. 그렇지 않으면 최종 보고서가 산으로 가는 경우가 많습니다. 보고를 지시한 상사 자신도 명확하지 않은 채 보고를 지시하는 경우가 많기 때문입니다.

김 과장: 상무님이 그렇게 말씀하셔서 그대로 보고서에 반영해서 작성했는데….

최 상무: 제가 그때 그렇게 말 안 했는데… 참… 어디서부터 손을 봐야 하나? 같이 한번 봅시다.

그렇다고 상사와 따질 수도 없고 난감한 상황을 직장 생활에서 안 겪어 본 사람은 없을 겁니다. 요즘은 미팅 필사 어플을 이용하여 상사와의 대화를 남기는 경우도 있습니다. 서로 명확하게 확인하고 불필요한 오해와 시간을 낭비하지 않기 위해서입니다. 하지만 모든 상황에 적용할 수는 없습니다.

2. 밑그림 그리기(Drafting)

명작이 탄탄한 밑그림에서부터 시작하듯이 잘된 보고서도 탄탄한 밑그림에서부터 시작합니다. 앞의 첫 단계에서 보고의 목적과 핵심 메시지가 명확하게 정의되었다면 스케치에 필요한 연필을 준비하듯이 보고의 밑그림을 위한 정보를 수집하고 정리하는 것이 필요합니다. 필요한 데이터, 사례, 통계 등을 수집하고 정리하는 것입니다.

밑그림은 말 그대로 그림으로 그려져야 합니다. 가장 기본적인 밑그림 구조로 SBC 구조*를 꼽을 수 있습니다. 보고의 목적과 대상에

---

* SBC 구조는 서론-본론-결론의 구조를 말합니다.

밑그림 종류	정의	예
피라미드 구조 (Pyramid structure)	핵심 주장을 먼저 제시하고 세부 내용과 근거를 점점 상세하게 전개하는 방식	비즈니스 문서나 컨설팅 보고서에서 많이 사용됨 예: 결론-주요 근거-상세 설명
역 피라미드 구조 (Inverted pyramid structure)	가장 중요한 정보를 먼저 전달하고 이후 덜 중요한 순으로 내용을 추가하는 방식	신문, 뉴스 기사에서 많이 사용됨 예: 핵심 내용-배경 정보-세부 내용
PREP 구조	주장(Point)-이유(Reason)-예시(Example)-다시 주장(Point) 순으로 전개	발표, 스피치, 비즈니스 문서에서 많이 사용됨 예: 내 의견-이유-사례-다시 강조
WADA 구조	이 문제를 왜 다루는가(Why)-주요 논점(Agenda)-상세 내용(Detail)-실행 계획(Action)	컨설팅이나 비즈니스 보고서에서 많이 사용됨
문제 해결 구조 (Problem-solution structure)	특정 문제를 제시하고 해결책을 제안하는 방식	예: 문제 제기-원인 분석-해결책 제시-기대 효과
비교-대조 구조 (Comparison-contrast structure)	두 가지 이상의 개념, 아이디어를 비교하여 차이점을 강조하는 방식	예: 옵션 A vs 옵션 B-장단점 비교-결론 및 추천 사항
연대기적 구조 (Chronological structure)	사건이나 정보를 시간의 흐름에 따라 서술하는 방식	예: 과거-현재-미래
질문-답변 구조 (Q&A structure)	상대방이 가질 만한 질문을 던지고 그에 대한 답변을 제기하는 방식	FAQ 또는 강의 자료 등에서 많이 사용됨 예: 질문-답변-추가 설명
진단-처방 구조 (Diagnosis structure)	해결해야 하는 과제를 파악하고 진단한 후에 최적의 해결책을 제안하는 방식	컨설팅 문서에서 많이 사용되고, 특히 위기 상황 보고에 많이 적용됨 예: 현재 상황-진단-처방(Action Plan)

따라 밑그림은 다양하게 그려질 수 있습니다. 앞서 보고가 잘 정의되었다면 그에 맞는 구조를 그리면 됩니다.

3. 리뷰하기(Review&Feedback)

두 번째 단계를 통해 밑그림 구조가 그려졌다면 이를 <u>상급자 또는 팀원과 공유하며 피드백을 받아야 합니다.</u> 본인 스스로 리뷰도 중요하지만 내용의 논리성과 정확성을 검토하기 위해서는 피드백만큼 중요한 것이 없습니다. 특히 보고를 요청한 상사와의 리뷰와 피드백을 두려워해서는 안 됩니다. 많은 구성원들이 노력한 만큼 인정을 못 받는 경우를 살펴보면 상사와의 피드백을 피하거나 시도조차 못 하는 경우가 많습니다. 잘된 보고서들의 공통점은 중간 리뷰와 피드백에 가장 많은 시간과 에너지를 쏟은 경우입니다. 최종 보고 단계에서 더 이상 보고할 것이 없을 정도로 리뷰와 피드백 과정을 거쳐야 합니다.

4. 최종 그림 그리기(Finalizing the report)

피드백을 반영하여 최종 정리하는 단계입니다. <u>보완 또는 과감하게 삭제해야 하는 내용은 없는지를 결정해야 합니다.</u> 최종 문서에서 중요한 포인트는 가독성을 높이는 데커레이션 작업입니다. 필요한 경우 그래프나 표를 활용하고 강조해야 하는 영역은 컬러를 사용할지 또는 별도 요약을 넣을 것인지 등 문서가 의사 결정 자료로 언제든지 다시 활용될 수 있고 누가 봐도 이해할 수 있도록 완성하는 단계가 최종 그림 그리기입니다.

5. 보고 방식 결정하기(Presentation&Submission)

보고의 글 마지막 단계는 보고 방식을 결정하고 최종 보고서를 제출하는 것입니다. 보고 방식이 중요한 이유는 효과적 전달의 핵심이 프레젠테이션이기 때문입니다. 여기서 프레젠테이션은 사전적 의미의 발표가 아닌 전달 방식을 의미합니다.

> **최 상무:** 이번 보고서는 어떤 방식으로 프레젠테이션하실 건가요?
> **김 과장:** 보고 주제가 이미 많은 관련 부서와 논의가 된 사안이라서 작성된 문서를 첨부하여 이메일 또는 시스템을 통해 공유할 예정입니다.

보고 방식은 보고하는 사람의 편의에 의해 결정되는 것이 아닙니다. 안건에 따라 가장 효율적인 전달 방식을 결정하는 것입니다. 위 김 과장이 채택한 방식은 문서 보고 방식으로 직장 내에서 가장 많이 활용되는 보고 방식입니다. 그 외에 직접 설명하는 대면 보고, 핵심 내용을 요약하여 슬라이드 장표*로 발표하는 PPT 보고 그리고

---

* 장표란 직장 등에서 보고서나 프레젠테이션 문서의 각 페이지나 슬라이드를 지칭하는 말입니다.

실시간 데이터를 기반으로 시각적으로 전달하는 대시보드 보고 등이 있습니다. 다양한 보고 방식 즉 프레젠테이션에는 공통적으로 중요한 핵심 원칙이 있습니다.

- 복잡한 내용을 쉽게 담았는지 → 명확성(Clarity)

- 불필요한 내용을 줄이고 핵심만 담았는지 → 간결성(Conciseness)

- 보고 문서 구조가 체계적인지 → 논리적 흐름(Logical Flow)

- 데이터와 근거 기반으로 작성되었는지 → 객관성(Objectivity)

- 대상에 따라 조율했는지 → 맞춤형 보고(Audience Awareness)

핵심 원칙은 최종 보고 시 체크리스트가 되어 보고를 완성하는 역할을 합니다.

보고서도 설계가 필요하다
: 생각을 디자인하는 힘

우리는 흔히 '디자인'이라는 단어를 시각적인 결과물로만 연상합니다. 그러나 진짜 디자인은 눈에 보이는 결과 이전에, 문제를 해결하기 위한 사고 과정의 설계입니다. 건축, 엔지니어링, 산업 디자인 분야에서 시작된 '디자인 씽킹Design thinking'은 이 사고의 설계를 구체화한 대표적인 방법론입니다. 사용자 중심의 시각에서 문제를 정의하고, 창의적 아이디어를 도출하여, 실제 실행 가능한 해법을 만드는 이 사고방식은 2000년대 이후 기업, 스타트업, 공공 기관 등 산업과 분야를 가리지 않고 확산되었습니다.

 디자인 씽킹은 생각을 효과적으로 조직하고 전개하는 과정, 즉 '생각 디자인Designing thinking'의 대표 사례입니다. 이처럼 사고를 의도적으로 구조화하고, 목적을 향해 흐름 있게 전개해 나가는 것이 곧 디자인이며, 보고 또한 이 설계된 생각 위에서만 가능합니다. 보고서를 작성할 때 많은 사람들이 PPT부터 만들기 시작합니다. 하지만 이는 건축을 설계도 없이 짓는 것과 같습니다. 경험이 많은 사람일수록 절대 그렇게 하지 않습니다. 그래서 이런 말이 나옵니다. "PPT 잘 그리는 사람은 있어도, 보고서를 잘 만드는 사람은 없다." <u>보고서를 잘 만드는 사람은 생각을 먼저 디자인하고, 이를 글과 구조로 표현할 줄 아는 사람입니다.</u>

생각 디자인이 필요한 이유

생각 디자인은 단순히 '좋은 아이디어'를 떠올리는 데서 그치지 않습니다. 무엇을 왜 하려 하는가, 즉 목적을 명확히 정의하고 그 목적에 도달하기 위한 사고 과정을 설계하는 일입니다. 그래서 생각을 디자인한다는 것은 글, 도형, 다이어그램 등 다양한 형태로 정리되고 표현될 수 있어야 하며, 다른 사람과 공유되고, 논의될 수 있어야 합니다. 그러나 생각을 디자인하는 데 가장 어려운 점은 바로 창의성과 논리성의 균형입니다.

• 창의력 vs 논리력: 직관과 분석의 공존

　많은 조직에서 "창의적인 보고서를 써라"라고 요구합니다. 이때 말하는 '창의력'이란 무에서 유를 창조하라는 뜻이 아닙니다. 조직이 원하는 창의적 사고란 통찰력 있는 접근, 다시 말해 직관적 사고 Intuitive thinking를 말하는 경우가 많습니다. 직관적 사고란, 복잡한 논리나 분석 없이도 경험과 감각, 본능을 바탕으로 빠르게 결론을 내리는 사고방식입니다. 경험 많은 셰프가 레시피 없이도 훌륭한 요리를 해내는 것, 스포츠 선수가 순간적인 판단으로 흐름을 뒤집는 것, CEO가 시장의 변화를 감지하고 선제적으로 전략을 결정해 성공하는 것이 대표적인 예입니다. 하지만 직관만으로 생각을 디자인하는 것은 매우 위험합니다. 논리적 근거가 부족하기 때문에 조직 내에서 합의와 지지를 얻기 어렵고, 보고로 연결되었을 때도 설득력을 확보하기 어렵습니다. 그래서 보고의 사고 설계에는 반드시 창의성과 논리성의 조화가 필요합니다.

보고는 생각을 설계하는 일

보고서는 단순히 정보를 전달하는 문서가 아니라, 문제를 해결하기 위한 생각의 흐름을 구조화한 결과물입니다. 좋은 보고서의 출발점은 언제나 생각을 디자인하는 과정에 있습니다. 창의적인 직관과 논리적인 분석이 균형 있게 작동할 때, 비로소 보고는 설득력을 갖고 실행력을 얻습니다. 보고서를 잘 쓰고 보고를 잘하고 싶다면, PPT를 열기 전에 먼저 머릿속의 도면부터 그려야 합니다. 보고서는 설계도면입니다. 그리고 설계는 생각 디자인에서 시작됩니다.

제가 예전에 조직 개편을 보고해야 했을 때의 일입니다. 당시 보고 대상은 아시아 총괄 대표였고, 주제는 '왜 지금 조직 구조를 바꿔야 하는가'였습니다. 당시 제 동료들은 각자 보고서를 만들기 시작하며 슬라이드부터 만들었습니다. 그러나 저는 PPT를 열지 않고 먼저 종이를 꺼내 이렇게 써 봤습니다.

- 지금 조직의 문제는 정확히 무엇인가?
- 이 문제는 어떤 데이터와 현상으로 확인할 수 있는가?
- 이 문제를 푸는 해법은 무엇인가?
- 그 해법이 왜 이 시점에서 가장 낫다고 판단하는가?

이 네 가지 질문에 답을 쓰다 보니 생각이 선명해졌습니다. 그리고 그 흐름에 따라 손으로 도식도 그리고, 보고 순서를 재정렬했습니다. 결국 보고서는 '문제 인식 ➡ 데이터 기반 분석과 진단 ➡ 해결 방안 ➡ 리스크 및 대응 시나리오'의 흐름으로 정리됐고, 총괄 대표는 첫 장에서 고개를 끄덕이며 보고를 듣기 시작했습니다.

"좋아요. 설득당할 준비가 됐네요."

이 말은 지금도 잊히지 않습니다. 보고의 설계는 생각의 설계에서 시작해야 한다는 걸 체감했던 순간이었습니다. 실제로 보고서를 작성하기 전, 아이디어 회의나 혼자만의 브레인스토밍 시간을 갖는 것은 매우 유익합니다. 이때 화이트보드나 3M 플립 차트에 손으로 직접 그림을 그리며 사고를 시각화해 보십시오. 문제를 재정의하고 생각을 정리하는 과정은, 곧 생각의 흐름을 직접 '디자인'하듯 시각적으로 설계하는 작업입니다. 이 과정에서 보고서의 핵심 구조가 완성되고 이후 문서 작성은 자연스럽고 설득력 있게 전개됩니다. 저는 대부분의 중요 보고서를 이런 과정을 통해 완성합니다.

　결국 보고서란 문제 해결을 위한 생각의 설계이고, 그 출발점은 PPT가 아니라 '머릿속의 도면'입니다.

보고서는 테크닉이 아니다

요즘 직장인들 사이에서는 "챗GPT가 보고서를 대신 써 준다는데, 굳이 내가 보고서 작성 능력을 키워야 하나요?"라는 이야기가 심심치 않게 들려옵니다. 실제로 많은 사람들이 이미 보고서를 쓸 때 챗GPT를 활용하고 있고, 몇 번만 요청을 주고받으면 제법 그럴듯한 보고서 초안이 금세 완성됩니다. 국내 대기업 또는 글로벌 기업에서는 내부 기업 챗GPT가 개발되어 자체 보고서 템플릿이 사용되고 있습니다. 이런 상황을 보면 보고서 작성 능력이 예전만큼 중요한 역량이 아닌 것처럼 느껴지기도 합니다. 하지만 정말 그럴까요? AI가 보고서를 써 주는 시대가 되었으니 이제는 더 이상 보고서 작성 능력을 키우지 않아도 되는 걸까요?

우선, 보고는 단순한 문서 작성이 아닙니다. 보고는 본질적으로 **사고의 결과물**입니다. 지금의 업무 상황을 어떻게 해석하고, 어떤 문제가 있으며, 그것을 해결하기 위해 어떤 결론과 대안이 필요한지를 논리적으로 구성하는 과정입니다. 이 과정은 사람의 생각에서 출발하기 때문에, 아무리 AI가 정리를 잘해 준다 해도 '무엇을 쓸 것인가'를 결정하는 사고의 주체는 결국 사람 자신에서 나올 수밖에 없습니다. 다시 말해, AI는 글을 '써 주는 도구'이지, 생각 자체를 대신 해 주는 존재는 아닙니다.

또한 보고는 단순히 정보를 나열하는 것이 아니라 **상사 맞춤형 커뮤니케이션**입니다. 보고를 받는 사람의 스타일과 우선순위, 관심사에 따라 보고 내용과 구성 방식은 달라집니다. 어떤 상사는 핵심부터 먼저 말해 주길 원하고, 어떤 상사는 전후 맥락을 중요하게 여깁니다. 어떤 상사는 수치와 데이터로 설득되며, 어떤 상사는 스토리와 비유에 반응합니다. 이런 차이를 파악하고 맞춤형으로 보고를 구성하는 능력은 경험과 관계 속에서 길러지는 것이며, AI가 쉽게 대체할 수 없는 인간 고유의 보고서 기술입니다.

또 하나 간과해서는 안 되는 점은, AI가 만들어 주는 문장은 대체로 '평균값'이라는 것입니다. 많은 데이터를 기반으로 일반적으로 자주 쓰이는 표현이나 구조를 제공하는 만큼, 무난하고 깔끔하지만 매우 평이합니다. 그래서 요즘 상사들은 보고서만 봐도 AI를 돌렸는지 아닌지 알 수 있다고 말합니다. 반면 보고는 때로는 비판적으로, 때로는 창의적으로 업무의 본질을 꿰뚫는 **차별화된 통찰과 제안**이 필요합니다. 그것이 상사의 판단과 결정을 움직이기 때문입니다. 누구나 비슷한 도구를 쓴다면, 결국 중요한 건 그 도구를 통해 무엇을 보고하고, 어떻게 해석할 것이냐일 겁니다.

결국 챗GPT 등 인공지능은 매우 유용한 도구이지만, 도구는 어디까지나 도구일 뿐. 효율을 높여 줄 수는 있지만 생각 자체를 나 대신 해 줄 수는 없습니다. 오히려 AI 시대에는 정보를 받아들이고, 해석하고, 구조화해서 설득력 있게 전달하는 사고와 설계의 능력이 더 중요해졌다고 볼 수 있습니다. 보고는 이제 단순히 잘 쓰는 능력이 아니라 잘 설계하고, 잘 설득하는 힘입니다. AI는 그 과정을 도와주는 좋은 조력자일 뿐, 그 조력자가 가장 빛나는 순간은 사용자가 정확한 방향성과 판단을 가지고 있을 때일 것입니다. <u>결국 보고의 핵심은, 도구가 아니라 사람의 생각이라는 점을 잊지 말아야 합니다.</u>

보고의 글을 위한
레시피

팬데믹 기간 동안 외출과 외식이 제한되면서 요리 관련 프로그램 및 유튜브 콘텐츠 등이 활발해졌습니다. 일반 사람은 물론 프로 요리를 하는 셰프들도 다양한 채널에서 본인들의 노하우와 실력을 공개하면서 많은 사람들의 공감을 불러일으키고 있습니다. 셰프의 방식과 요리 과정에 따라 같은 주제의 요리라도 맛과 프레젠테이션은 달라집니다.

- 셰프의 요리 스타일(사고방식) = Way of thinking
- 셰프만의 레시피(사고의 과정) = Process of thinking

    요리를 만드는 레시피(사고의 과정)가 비슷해도 셰프마다 요리에 접근하는 자신만의 스타일(사고방식)이 있습니다. 셰프의 사고방식이 다를 경우 요리 프레젠테이션에서 차이가 발생하고 사고 과정이 다를 경우 요리의 맛에서 현격한 차이가 나게 됩니다. 보고의 글도 같은 맥락으로 이해할 수 있습니다. 보고의 결과물은 문제를 바라보는 사고방식과 사고 과정에 따라 결과와 프레젠테이션이 달라지게 됩니다.

1. Way of thinking(사고방식)

문제를 바라보는 개인의 사고방식, 태도 또는 접근법이라고 할 수 있습니다. "어떤 관점으로 바라보는가?" 사고하는 관점에 초점을 둡니다. 이는 개인 또는 개인이 속한 조직의 고유한 사고방식이라고 할 수 있습니다. 조직을 예로 들면, "스타트업 조직의 사람들은 혁신적이고 창의적인 사고방식을 가지고 있고 공무원 조직의 사람들은 안정을 중시한 사고방식을 가지고 있다"라고 설명하는 경우가 문제를 해결하는 사고방식의 차이라고 할 수 있습니다. 같은 회사 출신의 경력자들이 매우 비슷한 사고방식으로 문제를 바라보는 것을 자주 볼 수 있습니다. (물론 개인 차원으로 보면 어떤 사람은 분석적인 사고를 또는 어떤 사람은 직관적인 사고를 선호하기도 합니다.)

개인 및 조직은 오랫동안 성공과 실패를 경험하면서 특정 사고 패턴 즉, 사고방식을 형성합니다. AI 빅데이터가 아닌, 개인과 조직이 수년 동안 겪은 경험이 빅데이터가 되어 개인 구성원의 사고방식에 영향을 끼칩니다. 많은 기업에서 인재를 영입할 때 케미스트리 Chemistry 미팅을 합니다. 조직 문화와 기존 구성원들과 잘 동화될 수 있을지를 알아보기 위함입니다. 케미스트리 미팅은 후보자의 성격이나 인성을 살펴보는 것이 아닙니다. 후보자의 사고방식 즉, '문제를 어떻게 바라보는지? 해결책을 위해 어떤 사고 과정을 통해 문제를 바라보는지? 기업의 오래된 성공 경험에 의해 축적된 사고방식을 이해하고 가치를 더할 수 있는지'를 알아보는 것이 케미스트리 미팅의 목적입니다. 현대 조직은 조직의 다양성 Diversity 을 위해 같은 사고방식을 가진 구성원보다 다양한 사고를 가진 구성원을 선발 채용하여 다름을 인정하며 서로의 케미스트리를 조율하고 시너지를 내는 것을 목적으로 하고 있습니다.

많은 사람들이 고정 관념으로 생각하는 것이 "사고방식은 바꿀 수 없다"는 말입니다. 실제로는 사고방식은 '고정된 것'이 아니라 '형성되고 진화하는 것'입니다. 특히, 조직 차원에서의 사고방식은 바꿀 수 있고 바뀌어야만 합니다. 바꾸지 않으면 지속 가능한 성장을 기대하기 어렵기 때문입니다. 사고방식을 형성하는 데 도움이 되는 활동들은 대체로 다양한 경험, 구조적인 훈련, 타인과의 상호 작용, 성찰의 과정을 포함합니다.

<u>우선, 사고방식은 다양한 관점에 노출되는 경험을 통해 확장됩니다.</u> 예를 들어, 다른 부서나 직무의 구성원들과 협업하는 크로스

펑셔널Cross-functional 프로젝트에 참여하면 평소 접하지 못했던 사고방식과 일하는 방식을 알게 됩니다. 이러한 경험은 자신의 고정된 관점을 깨고 새로운 시각을 받아들이는 데 큰 도움이 됩니다. 또한 산업 간 네트워킹이나 외부 콘퍼런스 참여, 독서와 같은 활동도 간접적으로 다양한 관점을 접하게 하여 사고의 폭을 넓히는 데 기여합니다.

다음으로, 사고 과정을 구조화하는 훈련은 체계적인 사고방식의 기반이 됩니다. MECE Mutually Exclusive, Collectively Exhaustive 원칙이나 피라미드 구조와 같은 논리적 사고 도구를 활용하거나, 시나리오 플래닝이나 디자인 씽킹 같은 워크숍에 참여하는 것은 문제를 보다 명확하게 정의하고 단계적으로 해결 방안을 도출하는 데 효과적입니다. 이처럼 훈련된 구조적 사고는 단순히 문제를 해결하는 데 그치지 않고, 문제를 '어떻게 바라볼 것인가'에 대한 깊은 성찰을 유도합니다.

타인과의 상호 작용도 사고방식 형성에 중요한 역할을 합니다. 피어 리뷰(Peer review. 동료 평가)나 멘토링을 통해 타인의 시각을 듣고 자신의 사고를 점검받는 경험은 사고의 맹점을 발견하고 보완하는 데 도움이 됩니다. 특히 조직 내에서 활발한 피드백 문화가 자리 잡고 있다면, 구성원들은 자연스럽게 자신과 타인의 사고방식을 비교하고 조율하게 되며, 이는 결국 조직 전체의 사고방식에도 영향을 줍니다.

무엇보다 중요한 것은 피드백과 성찰입니다. 프로젝트나 업무

후 스스로 "왜 그런 판단을 했는가?", "다른 선택은 가능했는가?"를 되돌아보는 리플렉션Reflection 활동은 사고의 깊이를 만들어 냅니다. 이를 습관화하면 단순한 경험이 아니라 사고의 재료로써 기능하게 됩니다. 또한 소크라테스식 질문법처럼 대화를 통해 사고의 논리와 기준을 묻고 되묻는 방식은 상대방의 사고 패턴을 파악하고, 동시에 자신의 사고방식을 자각하게 만드는 강력한 도구가 됩니다.

이처럼 사고방식은 단순히 타고나는 것이 아니라, 다양한 활동을 통해 지속적으로 만들어지고 발전해 가는 것입니다. 개인은 의식적인 훈련과 성찰을 통해 사고방식을 다듬어 나가야 하며, 조직은 이런 과정을 장려하고 지원할 수 있는 문화를 조성하는 것이 중요합니다.

2. Process of thinking(사고의 과정)

'문제를 어떤 관점으로 바라보는가'를 사고방식이라고 한다면 '문제를 어떤 과정으로 풀어 가는가?'는 사고의 과정입니다. 이는 사고의 단계와 구조를 의미하며 문제를 해결하거나 결정을 내리는 과정의 모든 것을 설명합니다. 당연히 논리적인 단계를 따르게 됩니다. 이는 앞에서 소개한 '밑그림 그리기'에서 활용됩니다.

사고의 과정은 문제를 인식한 후, 그것을 어떤 단계와 구조를 통해 해결해 나가는지를 의미합니다. 이는 단순히 생각하는 행위가 아니라, 문제를 어떻게 풀어 갈 것인가에 대한 일련의 절차와 논리적 접근을 포함합니다. 예를 들어, 신규 사업을 구상하고 실행하는 전반적인 과정은 사고의 구조를 대표적으로 보여 주는 사례입니다.

한 기업이 새로운 헬스케어 서비스를 시작하려 한다고 가정해 보겠습니다. 이 조직은 첫 단계에서 '왜 지금 이 서비스를 기획해야 하는가?'라는 문제 인식부터 시작합니다. 이는 **문제 정의** 단계로 현재 시장의 트렌드, 인구 고령화, 건강에 대한 소비자의 관심 증가 등 외부 환경을 분석하여 명확한 문제의 본질을 파악하는 단계입니다.

두 번째 단계는 **현황 진단과 정보 수집**입니다. 경쟁사들의 유사 서비스는 어떤 것이 있는지, 타깃 고객층은 누구인지, 기존 고객의 불편함은 무엇인지 데이터를 통해 확인합니다. 이때 수집된 정보는 단순한 나열이 아니라, 구조적으로 분류되어야 이후 단계에서 인사이트를 도출할 수 있습니다.

세 번째는 **원인 분석 및 과제 도출**입니다. 헬스케어 서비스가 성공하지 못했던 기존 사례들을 분석하고, 실패의 공통 원인을 찾아냅니다. 예컨대, 사용자 경험이 복잡하거나 병원과의 연계가 부족했기 때문이라는 결론에 도달했다면, 이 원인을 해결할 수 있는 과제가 무엇인지 구체화합니다.

그다음 단계는 **해결 방안 설정과 시나리오 수립**입니다. 예를 들어, 간단한 앱 인터페이스 개발, 병원과의 제휴 확대, 1:1 건강 상담 기능도입 등을 아이디어로 설정하고, 각각의 실행 시 어떤 효과가 예상되는지 시뮬레이션합니다. 이 시점에서 각 방안의 장단점, 리스크, 비용 대비 효과 등을 비교 분석합니다.

마지막 단계는 **의사 결정과 실행**입니다. 가장 현실적이고 효과적인 방안을 선택한 후, 단계별 실행 계획을 수립하고 담당 부서와 자원을 배분합니다. 이후 실행 과정에서도 사고의 과정은 멈추지 않습니다. 실행 중간중간 결과를 점검하고, 필요한 조정을 하는 피드백 과정 역시 사고의 일환입니다.

이처럼 사고의 과정은 단순한 직관이나 아이디어 제안에 그치지 않고, 문제를 단계적으로 풀어 가며 **논리적 근거와 구조적 판단**을 기반으로 결정을 내리는 전 과정을 의미합니다. 사고방식이 문제를 바라보는 '눈'이라면, 사고의 과정은 문제를 해결하기 위한 '손'과 '두뇌'입니다. 조직 내에서 이 사고의 과정을 체계화하고 훈련한다면 보다 일관성 있고 효과적인 문제 해결과 의사 결정이 가능해집니다.

사안에 따라 논리적 근거를 바탕으로 분석하는 논리적 사고, 혁신적이고 새로운 해결책을 찾아가는 창의적 사고, 정보의 신뢰성과 타당성을 평가하는 비판적 사고 그리고 장기적인 목표와 방향을 고려한 전략적 사고 등 사고의 과정은 일상적인 의사 결정부터 비즈니스 전략 수립까지 폭넓게 적용할 수 있습니다.

Way of thinking (사고방식)	Process of thinking (사고의 과정)
개인 또는 조직의 사고 스타일	논리적 사고의 단계와 흐름
생각하는 **관점, 태도, 방식**	문제 해결을 위한 **구조적 과정**
개인마다 다를 수 있음	보편적인 단계 적용 가능
"문제를 해결할 때 논리적인 절차를 따른다."	"나는 항상 긍정적인 시각으로 문제에 접근한다."

보고서 쓰기는
하나의 건물을 짓는 것과 같다

보고서는 단순한 글쓰기가 아닙니다. 그것은 '생각을 구조화하는 작업'이며, 철저히 설계 중심의 사고를 요구하는 일입니다. 그래서 보고서를 잘 쓰는 사람들은 단순히 글을 잘 쓰는 능력을 갖춘 것이 아니라, 문제의 핵심을 파악하고 그것을 어떻게 전달할 것인지 구조적으로 설계할 줄 아는 사람들입니다.

조직에서는 이러한 사람들을 흔히 '선수'라고 부릅니다. 보고서를 빠르게 완성하면서도 논리적이고 설득력 있게 내용을 전개하고, 한두 번의 수정만으로 최종본을 제출할 수 있는 능력을 가진 사람들입니다. 그러나 이들이 단지 손이 빠르거나 오랜 실무 경험이 많기 때문에 보고서를 잘 쓰는 것은 아닙니다. <u>이들의 가장 큰 강점은 바로 생각을 프레임으로 정리하고, 그 프레임 위에 논리와 데이터를 쌓아 올리는 능력입니다.</u>

건축물을 예로 들어 봅시다. 건축가는 건물을 짓기 전, 단순히 '예쁜 외형'을 상상하며 설계를 시작하지 않습니다. 먼저 그 건물이 들어설 지형과 주변 환경을 분석하고, 그 위에 어떤 구조적 형태가 가장 안정적이고 기능적으로 적합할지를 고민합니다. 건물의 목적, 층별 활용도, 채광, 동선 등을 고려한 설계도를 작성하고, 그 구조 위에 필요한 기능과 디자인을 하나씩 채워 넣습니다. 이처럼 겉모습보다 중요한 것은 뼈대, 즉 구조입니다.

건축에서 기본적인 골조 역할을 하는 H빔

보고서도 마찬가지입니다. 보고서는 단순히 정보를 나열하는 문서가 아니라, 어떤 논리로 상대를 설득하고 행동을 이끌어 낼 것인지를 고민하며 구조화된 흐름으로 구성해야 합니다. 그러기 위해서는

'처음부터 글을 쓰기 시작하는 것'이 아니라, **보고서 전체의 프레임**, 즉 논리적 골격을 설계하는 일이 선행되어야 합니다.

예를 들어 '회사 이전 프로젝트'라는 주제로 보고서를 작성해야 한다면, 단순히 '이전 사유'만 설명해서는 충분하지 않습니다. 왜 이전을 결심하게 되었는지, 어떤 대안들이 있었는지, 이전이 조직에 미치는 영향은 무엇인지 등 다양한 관점에서 보고의 설계가 이뤄져야 합니다. 이때 중요한 것은 '중심 프레임'과 그것을 보완해 주는 '서브 프레임'입니다. 예로, 경영진 관점에서의 재무적 효율성, 직원 관점에서의 근무 만족도, 고객 접근성과 같은 다양한 시선들이 프레임으로 설계되어야 보고가 풍성해지고 설득력을 가질 수 있습니다.

각 페이지는 이 프레임 위에 쌓이는 '층'입니다. 건축에서 층마다 다른 기능이 존재하듯, 보고서의 각 슬라이드나 페이지도 각기 다른 주제와 메시지를 담고 있어야 합니다. 어떤 페이지는 데이터 중심, 어떤 페이지는 메시지 중심, 또 어떤 페이지는 결론과 제안으로 구성될 수 있습니다. 이러한 구성은 글쓰기 능력만으로는 완성되지 않으며, **정보의 구조화 능력**이 핵심입니다.

또한 중요한 점은, 보고서를 꼭 1페이지부터 순서대로 작성할 필요는 없다는 것입니다. 마치 건물 인테리어가 꼭 1층부터 시작될 필요가 없는 것처럼, 보고서의 페이지 구성도 병렬적으로 설계할 수 있습니다. 핵심 프레임이 잘 짜여 있다면 어떤 페이지부터 작업하더라도 전체 흐름이 흔들리지 않으며, 오히려 작업 속도도 빠르고 완성도도 높아집니다.

페이지를 만들 때는 각 장표마다 스스로 질문을 던져야 합니다.

- 이 페이지에서 꼭 전달해야 할 핵심 메시지는 무엇인가?
- 이 메시지를 글로 표현하는 것이 효과적인가, 아니면 도표나 시각 자료가 더 설득력 있는가?
- 흐름상 이 내용은 어디에 들어가는 것이 적절한가?
- 강조하고자 하는 포인트가 잘 드러나는가?

이러한 일련의 고민과 설계가 바로 보고서 작성의 본질입니다. 생각 없이 쓰고 나중에 구조를 맞추는 방식으로는 설득력 있는 보고서를 만들 수 없습니다. 결국 보고서를 잘 쓴다는 것은 단순한 문장 작성 능력이 아니라, 사고를 구조화하고 논리를 설계할 수 있는 힘입니다. 그래서 보고는 글이 아니라 구조라고 말하는 것입니다. 그리고 그 구조를 그릴 줄 아는 사람이야말로, 변화하는 환경 속에서도 언제나 시간을 이기고 결과를 만들어 내는 '진짜 선수'가 됩니다.

모든 데이터는
끝까지 추적하라

현대 조직에서 보고서에 데이터가 빠지는 일은 거의 없습니다. 이제 보고는 단순한 감(感)이나 경험 중심의 직관적 판단이 아닌, 수치와 지표에 기반한 합리적 근거로 설명되어야 하는 영역이 되었기 때문입니다. 실무에서도 "데이터 없이 말하지 마라", "숫자가 설득한다"는 말은 더 이상 수사적 표현이 아니라, 모든 보고자가 반드시 갖춰야 할 기본 원칙으로 자리 잡고 있습니다.

보고서에서 데이터는 단순한 부가 자료가 아닙니다. 보고의 신뢰도를 결정짓는 근거이며, 상사의 판단과 조직의 의사 결정을 이끄는 출발점입니다. 특히 조직 내 보고는 단순히 정보를 공유하는 것을 넘어, 전략을 수립하거나 실행을 결정하는 중요한 역할을 합니다. 따라서 그 바탕이 되는 데이터의 정합성, 신뢰성, 그리고 해석의 타당성은 보고 전체의 설득력에 직결됩니다.

최근에는 이러한 데이터 기반 보고의 흐름이 자동화 기술과 결합되며 새로운 형태로 진화하고 있습니다. 대표적인 예가 대시보드 리포트입니다. ERP(전사적 자원 관리)나 CRM(고객 관계 관리) 시스템, 구글 애널리틱스, 태블로 등 다양한 플랫폼에서 실시간 데이터를 자동으로 수집하고 시각화하는 시스템이 도입되면서, 일일이 수작업으로 데이터를 정리하지 않아도 관리자나 의사 결정자가 실시간으로 현황을 파악할 수 있는 환경이 마련된 것입니다.

이런 자동화된 시각적 리포트는 속도와 효율 면에서 탁월한 장점이 있으며, 특히 정형화된 지표 중심 보고(예: 매출 추이, 방문자 수, 클릭률, 재고 현황 등)에 매우 효과적으로 활용됩니다. 실제로 일부 조직에서는 매일 또는 주간으로 자동 생성된 대시보드 리포트만으로도 충분한 '보고'의 기능을 충족하고 있다고 느끼기도 합니다. 이 영역은 AI가 가장 빠르게 대체하고 있는 보고 영역입니다.

그러나 자동화 리포트에는 결정적인 한계가 존재합니다. 시스템이 보여 줄 수 있는 것은 '무슨 일이 일어났는가'에 대한 현상 차원의 데이터일 뿐 '왜 이런 일이 발생했는가', '앞으로 무엇을 해야 하는가'와 같은 해석과 방향 제시는 하지 못합니다. 이는 기계가 할 수 없는 영역이며, 바로 이 지점에서 보고자의 사고력과 해석력, 판단력이 요구됩니다.

보고자의 역할은 데이터를 단순히 나열하거나 시각화된 그래프를 붙이는 것에 머물러선 안 됩니다. 데이터를 정보로 전환하고, 그 정보에 의미를 부여하며, 그 의미를 바탕으로 판단과 제안을 도출하는 과정 전체가 바로 보고의 핵심입니다. 이 과정은 곧 보고자의 문제 해결력을 보여 주는 자리이기도 합니다.

하지만 이 중요한 과정을 소홀히 하는 사례도 많습니다. 특히 보고가 일상화되어 있고, 시각화 도구 사용이 익숙해진 환경에서는 데이터를 너무 쉽게 '정보'로 간주하는 오류가 발생하곤 합니다. 예를 들어, 외부에서 받은 표나 대시보드의 일부 스크린샷을 근거로 판단을 내리고, 정작 원천 데이터나 출처의 확인 없이 보고서를 제출하는 경우도 존재합니다. 이는 보고의 본질을 놓치는 일일 뿐 아니라, 최악의 경우 조직 내 의사 결정에 심각한 오류를 가져올 수도 있습니다.

또한 데이터는 수치 그 자체만으로 해석되지 않습니다. 동일한 수치라도 어떤 기준선을 적용하느냐에 따라 해석이 달라지고, 비교군이 누구냐에 따라 메시지도 완전히 달라질 수 있습니다. 예를 들어 '전년 동기 대비 5% 증가'라는 수치가 긍정적인 성과처럼 보일 수도 있지만, 업계 평균이 15% 성장한 상황이라면 이는 오히려 위기의 신호일 수 있습니다. 따라서 보고자는 숫자 그 자체보다, 그 숫자를 어떤 맥락 속에서 이해하고 설명할 것인가에 더 집중해야 합니다.

보고서에서 데이터를 다룬다는 것은 단순히 수치를 보여 주는 일이 아니라, 의미 있는 인사이트를 전달하고, 이를 통해 상대의 행동을 유도하는 일입니다. 결국 보고에서 데이터는 정보가 아니라 설득의 도구이며 판단의 근거입니다. 따라서 보고자가 데이터를 어떻게 수집하고, 어떤 기준으로 분석하며, 어떤 맥락에서 해석하고, 얼마나 논리적으로 연결하느냐는 보고의 완성도를 결정짓는 핵심 요소가 됩니다. 숫자를 다루되 숫자에 갇히지 않고, 숫자를 넘어선 메시지를 전달할 수 있을 때 비로소 '보고'가 완성되는 것입니다. 보고를 위한 데이터, 이렇게 관리해야 합니다.

① 데이터의 출처와 산출 시점을 명확히 기록해야 한다.
- "이 수치는 언제 기준인가?"
- "어떤 시스템/조직에서 산출되었는가?"
- "누가 데이터를 가공했는가?"

② 로우 데이터(Raw data. 기초 데이터)를 확보해야 한다.
- 요약된 수치나 표만 보고서에 넣고 원본을 누락하는 경우, 질문이 생겼을 때 대응이 어렵다.
- 보고서에 포함하지 않더라도 별지 또는 폴더로 첨부해 추적 가능성을 확보해야 한다.

③ 데이터만으로 보고서를 채우지 말고, 논리를 구조화해야 한다.

- 데이터를 넣을수록 보고서가 무거워지고 흐름이 끊어질 수 있다.
- 숫자는 근거로만 활용하고, 보고서 본문에서는 메시지 중심으로 구조화해야 한다.

④ 필요한 경우, 상세 데이터를 별지로 분리하여 본문은 메시지 위주로 구성한다.

- 예: "매출이 전년 대비 12% 증가하였습니다(세부 항목은 별첨1 참고)."

데이터는 보고의 기본이며, 동시에 보고의 신뢰를 결정하는 척도입니다. 수치를 나열하는 것만으로는 보고가 아닙니다. <u>그 수치를 해석하고, 연결하고, 메시지로 전환하는 작업이 곧 보고입니다.</u> 그 출발점은 언제나 데이터에 대한 책임 있는 태도에서 시작되고 보고의 품질 또한 글쓰기에서 갈리는 것이 아니라, 데이터를 다루는 태도에서 갈립니다.

아카이빙은
보고서의 힘이다

보고에는 '리듬'이 있습니다. 겉으로 보기엔 단순히 보고서를 작성하는 업무처럼 보이지만, 사실 보고에는 시간의 흐름에 따라 반복되거나 돌발적으로 발생하는 리듬이 존재합니다. 이 리듬은 조직의 의사결정과 대응 속도에 깊은 영향을 미치며, 보고서를 준비하고 작성하는 방식에도 큰 차이를 만들어 냅니다.

    가장 일반적인 형태는 정기적인 보고입니다. 예를 들어 주간 보고, 월간 리뷰, 분기별 실적 보고, 연간 계획 수립 등은 조직 내에서 정해진 주기에 맞춰 반복적으로 이루어지는 보고 유형입니다. 이 정기 보고는 대체로 회사 내 통일된 양식과 구조를 따릅니다. 표준화된 템플릿을 사용하는 이유는 단순한 문서 포맷 통일을 넘어서, 조직 전체가 동일한 언어와 구조로 커뮤니케이션하도록 하기 위해서입니다.

    예를 들어, 상반기 실적 보고서에서 '성과 요약-문제 요인-개선 과제'의 구조가 반복된다면, 각 부서장은 별도의 설명 없이도 보고서의 전개 흐름을 예측할 수 있습니다. 이는 독자가 보고서를 읽는 시간을 줄여 주고, 중요한 포인트를 빠르게 파악할 수 있게 하며, 조직 전반의 의사 결정 속도와 일관성을 높이는 데 기여합니다. 정기 보고는 효율성을 중시하고, 구성원 간 공통된 기준을 형성하는 역할을 하며, 조직의 '기초 체력'을 유지하는 보고의 리듬이라 할 수 있습니다.

반면 비정기적 보고는 예측이 불가능한 변수로 인해 발생합니다. 예로, 예상치 못한 외부 감사나 경쟁사의 돌발적 마케팅 공세, 고객의 이탈, 시스템 장애, 내부 고위직 인사 변화 등 위기 상황이나 중대한 이벤트가 발생하면 조직은 빠르게 상황을 파악하고 판단을 내려야 합니다. 이때의 보고는 신속성, 정확성, 핵심 메시지 전달이라는 세 가지 요소를 동시에 만족시켜야 하며, 이는 보고자의 고도의 집중력과 정보 선별력이 요구되는 상황입니다.

비정기 보고는 정형화된 템플릿이 존재하지 않기 때문에, 보고자의 논리 구성력, 판단력, 사전 준비 정도에 따라 보고의 질이 크게 달라질 수 있습니다. 또한, 사안의 민감도와 파급력에 따라 보고 대상자의 반응도 달라질 수 있기 때문에, 문장의 어조, 표현 방식, 데이터의 신뢰도 등도 훨씬 더 정밀하게 설계되어야 합니다. 이처럼 정기 보고가 '시스템 기반 보고'라면, 비정기 보고는 '상황 대응형 보고'라고 볼 수 있습니다.

그렇다면 정기적이든 비정기적이든, 결국 보고자가 제한된 시간 안에 높은 완성도의 보고서를 작성하기 위해 갖춰야 할 가장 중요한 역량은 무엇일까요? 바로 리소스 관리와 체계적인 아카이빙입니다. 보고는 본질적으로 시간이 부족한 상태에서 이뤄집니다. 특히 비정기 보고는 '오늘 요청받고 오늘 제출해야 하는' 상황도 적지 않습니다. 이럴 때 보고자가 처음부터 정보를 찾고, 데이터를 수집하고, 과거 사례를 분석하려 한다면 시간은 부족하고 완성도는 떨어질 수밖에 없습니다. 결국 보고자가 '정보를 얼마나 갖고 있는가'보다 '정보를 얼마나 준비해 두었는가'가 관건입니다.

이를 위해 필요한 것이 아카이빙입니다. 아카이빙은 단순히 자료를 보관하는 것을 넘어 자주 활용되는 정보, 이전에 유사하게 작성했던 보고서, 반복되는 질문에 대한 대응 포인트, 주요 의사 결정에 참고됐던 데이터 등을 체계적으로 분류하고, 쉽게 찾아볼 수 있도록 관리하는 능력입니다. 예를 들어, 자주 등장하는 KPI(Key Performance Indicator, 핵심 성과 지표), 조직의 연간 목표, 상사의 의사 결정 기준, 경쟁사 동향 등의 정보가 정리된 나만의 '보고 자료 라이브러리'를 가지고 있다면, 급박한 보고 요청이 들어와도 빠르게 핵심 내용을 구성하고 근거를 제시할 수 있습니다. 또한 아카이빙은 보고서 작성 시 자료의 신뢰도를 높여 주는 기능도 합니다. "이 자료는 어디서 나왔는가?", "이 수치가 최신인가?"에 대한 질문에 당황하지 않고 답할 수 있는 보고자는 항상 신뢰를 얻습니다.

리소스 관리도 중요합니다. 보고는 혼자서 완성하는 일이 아니기 때문에, 내부 협조를 끌어낼 수 있는 네트워크, 필요한 정보를 빠르게 요청할 수 있는 커뮤니케이션 능력, 그리고 우선순위를 판단하는 감각이 모두 리소스 관리의 일부입니다. 시간이 부족할수록 어떤 정보를 생략하고 어떤 내용을 강조해야 하는지 잘 판단해야 하며, 이 판단은 경험과 정보 준비 정도에 따라 차이가 납니다.

결국 보고자가 좋은 리듬을 만들기 위해서는 '자료는 미리 준비하고, 시간은 여유롭게 확보하며, 반복 가능한 구조는 정리해 두는 습관'이 필요합니다. 보고는 그때그때 잘하는 것이 아니라, 늘 준비된 사람이 잘하는 일입니다. 보고서의 질은 보고자가 얼마나 많은 시간을 들여 작성했는가보다 얼마나 체계적으로 준비되어 있었는가에 의해 결정됩니다. 보고는 곧 리듬입니다. 그리고 그 리듬을 일정하게 유지하려면, 준비된 아카이브와 효율적인 리소스 관리가 반드시 필요합니다. 리듬 없는 보고는 우연에 기대는 보고이고, 리듬이 있는 보고는 조직을 움직이는 보고입니다.

상반기 실적 보고서를 준비한다고 가정해 봅시다. 시작하기 전, 작년 상반기 또는 연말 최종 보고서를 반드시 리뷰해야 합니다. 조직마다 다음과 같은 체크리스트가 존재합니다.

- 작년 보고서에서 지적된 사항은 무엇인가?
- 보고서가 여러 번 수정되었는가?
- 최종 보고서에서 내려진 의사 결정은 무엇이었나?
- 누가 작성하고, 누가 보고했는가?
- 보고 당시와 비교해 조직에 변화가 있었는가?

이 체크리스트를 기반으로 사전 준비를 해야 보고서의 프레임을 신속하게 구성할 수 있습니다. 하지만 이 단계에서 시간이 오래 걸리면 전체 일정이 흔들립니다. 실제로 보고서 제출이 지연되는 많은 경우가 바로 이 사전 정리 미흡에서 발생합니다. 그렇다면 왜 사전 체크가 어려울까요? 이유는 간단합니다. 작년 보고서를 만들기 위해 수집했던 자료와 조사 내용이 체계적으로 정리되어 있지 않기 때문입니다. 즉, 아카이빙이 되어 있지 않은 것입니다. 보고를 잘하는 팀, 꾸준히 성과를 내는 팀의 공통점은 바로 여기에 있습니다. 그들은 다음과 같은 습관을 가지고 있습니다.

- 모든 자료에 일관된 네이밍을 적용한다.
- 폴더 트리를 체계적으로 유지한다.
- 보고가 끝난 이후에도 모든 산출물을 정돈된 형태로 재정리하고 저장한다.

이러한 습관이 결국에는 정보 접근의 속도, 보고 준비의 정확성, 의사 결정의 품질을 결정합니다. 즉, 보고의 출발점에서부터 이미 승패는 갈리고 있는 셈입니다.

보고서는 단순한 문서가 아니라 의사 결정의 무기입니다. 이 무기의 품질은 리듬에 맞춰 움직이는 리소스 관리, 그리고 보이지 않지만 가장 중요한 아카이빙의 품질에서 시작됩니다. 보고가 매번 무겁고 버거운 업무로 느껴진다면, 그 출발점을 돌아볼 때입니다. 지금 내 팀의 폴더 구조와 자료 보관 방식이 곧 다음 보고의 품질을 결정 짓습니다.

보고를 위한 글쓰기
: 다섯 가지 핵심 능력

보고를 잘하려면 글을 잘 써야 합니다. 하지만 여기서 말하는 '글쓰기'는 우리가 일반적으로 생각하는 글쓰기(문장력이 뛰어나고, 문법적으로 정확하며, 표현이 유려한 글쓰기)와는 본질적으로 다릅니다. 보고서의 글쓰기는 조직 안에서의 의사 결정과 실행을 유도하기 위한 목적 지향적이고 전략적인 커뮤니케이션 능력입니다. 조직에서 글을 잘 쓴다는 것은 곧, 일을 잘 정리하고 상대의 판단을 설계하며 원하는 행동을 끌어내는 글을 쓸 수 있다는 뜻입니다. 즉 단순한 문장력이 아니라, 조직 안에서의 의사소통 목적에 최적화된 글쓰기 능력을 의미합니다.

특히 다음의 다섯 가지 능력은 보고를 위한 글쓰기에서 반드시 갖춰야 할 핵심 역량입니다. 각각은 독립적으로 중요한 역량일 뿐 아니라, 서로 유기적으로 연결되어 있어 하나의 능력이 강화되면 다른 능력도 함께 향상되는 구조를 가집니다.

1. 요약력 – 핵심만 간결하게 정리하는 힘

보고를 받는 대부분은 '시간이 부족한 사람'입니다. 상사는 여러 업무를 병행하며 수많은 보고를 받고 있기 때문에, 짧은 시간 안에 핵심을 파악할 수 있는 보고서를 선호합니다. 좋은 보고서는 단순히 정보를 덜어 낸 축약본이 아니라, 핵심 정보만을 선별하여 압축한 정수입니다. 예를 들어, '시장 조사 결과 요약'이라는 보고가 있다고 했을 때, 10페이지 분량의 PPT 전체를 설명하는 것보다, "경쟁사 대비 점유율 12% 하락, 그 원인은 가격 정책과 신규 유입 채널 부재, 따라서 전략 보완 필요"처럼 세 줄 요약이 가능해야 합니다.

요약력Summary capability은 단지 말을 줄이는 기술이 아니라, 무엇이 중요하고 본질적인지를 판단하는 안목에서 나옵니다. 이 능력은 CEO 보고나 클라이언트 커뮤니케이션처럼 '한 문장으로 판단이 결정되는' 중요한 보고에서 결정적인 힘을 발휘합니다. 요약할 수 있는 역량은 순간의 순발력과 스마트함이 아니라 문제와 주제에 대한 심도 있고 진지한 고민과 열정 없이는 불가능합니다. 해 본 사람만이 가능한 역량이 요약력입니다. AI가 할 수 없는, 대체 불가능한 인재만이 할 수 있는 보고서라면 단연코 요약 보고서라고 할 수 있습니다.

글로벌 기업의 보고서에서 요약력을 잘 보여 주는 대표적인 사례로는 다음 세 가지를 들 수 있습니다. 이들은 모두 복잡한 정보를 간결하고 명확하게 전달함으로써, 바쁜 의사 결정권자나 외부 이해관계자가 핵심을 빠르게 파악할 수 있도록 설계된 사례입니다.

① 애플의 제품 발표 키노트Keynote 요약 슬라이드
글로벌 기술 기업 애플은 매년 열리는 신제품 발표 키노트에서 요약 슬라이드 하나로 전체 전략 방향과 포인트를 정리하는 것으로 유명합니다. 예를 들어 아이폰 발표 시, 발표의 마지막 또는 전환점에서 '세 가지 핵심 포인트' 또는 'This is iPhone. It's about performance, privacy, and design(이것은 아이폰입니다. 성능, 프라이버시, 디자인에 관한 것입니다)'처럼 한 문장으로 메시지를 압축합니다. 이 방식은 보고서든 프레젠테이션이든 요약력의 핵심을 보여 줍니다. 수많은 기술 사양, 기능, 마케팅 전략을 다루면서도 결국 의사 결정자와 소비자에게 핵심 메시지를 간결하게 남기는 구조입니다. 애플은 제품 브리핑 문서도 매우 간결하며, 1페이지 핵심 요약 후 세부 페이지 구성 방식으로 구성됩니다.

② 아마존의 6페이지 메모와 경영 요약 원칙
세계적 전자 상거래 플랫폼 아마존은 PPT보다 '서술형 6페이지

메모'를 통해 의사 결정을 한다는 기업 문화로 유명합니다. 이 메모의 시작은 항상 Executive summary(경영 요약)로 시작하는데, 약 두세 단락 내외에서 보고 목적, 배경, 핵심 제안, 기대 효과 등을 한눈에 보여 줍니다. 이 요약에서는 다음이 반드시 포함됩니다.

- 현재 비즈니스 상황 요약
- 핵심 문제 또는 기회
- 제안하는 대안 및 이유
- 결정이 필요한 액션 포인트

제프 베조스는 이 요약 섹션이 '리더의 시간과 사고력을 보호하기 위한 필터'라고 말한 바 있으며, 이는 조직 내 정보 설계와 요약력이 얼마나 중요한지를 상징적으로 보여 주는 사례입니다.

③ 맥킨지 보고서의 경영 요약 구조
맥킨지앤컴퍼니는 글로벌 컨설팅 기업 중에서도 보고서 요약력을 극대화하는 방식으로 정평이 나 있습니다. 맥킨지의 보고서는 대개 다음과 같은 피라미드 원칙 Pyramid principle 기반의 요약 구조를 따릅니다.

- 첫 문장: 결론(So what?)

- 둘째 문장: 핵심 근거 세 가지

- 셋째 문장 이후: 각 근거에 대한 한 줄 요약

예를 들어, 한 소비재 기업의 글로벌 진출 전략 보고서에서는 첫 페이지 상단에 다음과 같은 요약이 붙습니다.

> "To accelerate growth in APAC, Company X should expand its direct-to-consumer model in three priority markets: Korea, Vietnam, and Indonesia. This approach will increase profitability by 15% within 18 months."
> APAC(아시아-태평양 지역)에서의 성장을 가속화하기 위해, 회사 X는 한국, 베트남, 인도네시아 세 곳의 우선 시장에서 자사 직접 판매 모델을 확대해야 합니다. 이 접근법은 18개월 내에 수익성을 15% 높여 줄 것입니다.

그 아래에 근거 세 가지가 한 문장씩 명확하게 정리되어 있습니다. 맥킨지는 항상 독자가 첫 1분 안에 핵심 메시지를 이해할 수 있도록 하는 요약을 기본 원칙으로 삼습니다.

2. 구조화 능력 – 흐름이 있는 글을 만드는 능력

보고는 정보를 나열하는 것이 아니라, 문제를 진단하고 방향을 제시하는 설계도입니다. 아무리 좋은 콘텐츠라도 구조 없이 배치되면 읽는 사람이 혼란을 느끼고 핵심을 놓치게 됩니다. 효과적인 보고서는 일관된 논리 흐름을 가지고 있으며, 보통 다음과 같은 구조로 구성됩니다.

- 문제 → 원인 → 해결 방안
- 배경 → 현황 → 분석 → 제안
- 현상 → 진단 → 대응 방안 → 기대 효과

이처럼 구조화된 글은 한눈에 맥락을 파악하고, 어디에서 어떤 판단을 해야 하는지 방향을 이해할 수 있도록 도와줍니다. 또한 구조화 능력은 단순한 글쓰기 기술이 아니라, 사고를 설계하는 능력입니다. 생각의 흐름이 정리되어야 비로소 글도 정리되며, 글의 흐름은 곧 보고자의 사고 흐름을 반영합니다. 대표적인 사례로 넷플릭스의 '탈(脫)정형화된 보고서 구조와 전략 서술 방식'을 꼽을 수 있습니다. 넷플릭스는 기존의 경직된 기업 보고 문화를 벗어나, 명확한 구조와 사고 흐름에 기반한 보고를 매우 중시하는 기업입니다. 특히 전략 문서를 작성할 때, 단순한 현황 나열이나 수치 정리에 그치지 않고, 다음과 같은 구조적 흐름을 철저히 따른다고 합니다. 수백 명의 글로벌 임원들이 동시에 읽고 의사 결정을 해야 하는 문서로서 정보가 많음에도 불구하고, 각 메시지가 구조화되어 있어 누구나 빠르게 핵심 흐름을 파악할 수 있습니다.

① 문제 정의
예: "해외 이용자 이탈률이 증가하고 있다. 특히 한국, 일본, 인도 등 특정 시장에서 이탈 속도가 가파르다."

② 원인 분석
예: "문화적 차이를 반영한 콘텐츠 로컬라이징 부족, 추천 알고리즘의 언어별 편향, 가격 정책의 지역별 불균형이 주요 요인으로 분석됨."

③ 해결 방안 제시
예: "이탈률이 높은 3개국을 중심으로 지역별 큐레이션 전략 강화, 로컬 프로덕션 투자 확대, 가격 모델 재설계 추진."

④ 기대 효과 및 우선순위
예: "6개월 내 이탈률 10% 개선, 재가입 유도율 상승, 신규 구독자 전환율 향상. 이 중 한국 시장을 우선 적용 대상으로 설정."

이러한 전략 보고서는, 단순히 좋은 문장력으로 쓰인 것이 아니라 구조적 사고의 흐름을 기반으로 정리된 글쓰기라는 것을 볼 수 있습니다.

3. 독자 중심 사고 - 상대 입장에서 쓰는 글쓰기

보고서의 독자는 대부분 나보다 높은 위치에서 의사 결정을 해야 하는 사람입니다. 따라서 보고서를 작성할 때는 언제나 독자의 입장에서, 독자의 언어로, 독자의 기대에 맞게 쓰는 자세가 필요합니다. 많은 실무자들이 흔히 저지르는 실수는 '내가 말하고 싶은 것'을 중심으로 글을 구성하는 것입니다. 하지만 보고는 내가 말하고 싶은 것을 전달하는 게 아니라, 상사가 알고 싶어 하는 것을 명확히 전달해야 하는 일입니다.

예를 들어, 상사는 "이 문제는 왜 발생했나?", "이게 나한테 어떤 영향을 미치나?", "이 상황에서 무엇을 결정해야 하나?"에 관심이 있습니다. 이 질문에 답하지 않는 보고는 아무리 문장이 좋아도 좋은 보고가 아닙니다. 결국, 보고는 설득입니다. 설득은 단지 논리가 아니라 관계와 공감, 그리고 청자의 시선에서 말하는 기술에서 시작됩니다.

4. 문장 정제력 - 짧고 명확하게 쓰는 힘

보고서에선 군더더기가 치명적입니다. 시간은 짧고, 정보는 많기 때문입니다. 따라서 문장은 짧을수록, 표현은 단순할수록, 메시지는 명확할수록 더 효과적입니다. 예를 들어 보겠습니다.

- "아마도 이런 방향이 좋을 것 같습니다." → "이 방향이 가장 효과적입니다."
- "제 생각엔 문제가 있었던 것 같습니다." → "문제가 발생했고 원인은 A입니다."

이처럼 보고 문장은 단정적이고 확신 있게, 사실에 기반하여 쓰는 것이 기본입니다. 모호한 표현, 추측성 단어, 장황한 서술은 상사의 판단을 흐리게 하고, 보고자에 대한 신뢰를 떨어뜨릴 수 있습니다. 문장 정제력은 보고자의 명확한 사고력과 프로페셔널한 태도를 반영하는 지표이기도 합니다.

5. 맥락 이해력 – 글에 숨은 '이유'를 읽는 능력

보고서에는 늘 '글로 쓰이지 않은 맥락'이 존재합니다. 단순히 주어진 이슈만 처리하려 하지 말고, 왜 이 보고가 지금 필요한지, 이 보고의 타이밍과 배경은 무엇인지, 보고를 받는 사람은 어떤 상황에 놓여 있는지를 읽을 줄 알아야 합니다.

- 상반기 말 결산 보고라면 → 숫자보다 방향성과 의미 강조
- 위기 대응 브리핑이라면 → 배경보다 원인과 해결책이 우선
- 신규 프로젝트 제안이라면 → 타당성보다 기대 효과 강조

이처럼 상황과 맥락에 따라 보고의 구성, 어조, 강조점이 달라져

야 진짜 효과적인 보고가 됩니다. 이 맥락 이해력은 많은 보고 경험과 조직에 대한 이해, 그리고 주변 상황을 읽는 민감한 감각을 통해 길러집니다.

지금까지 설명한 다섯 가지 능력은 단순한 글쓰기 스킬이 아닙니다. 이는 업무를 정리하고, 생각을 구조화하며, 관계를 이해하고, 의사 결정을 설계하는 힘입니다. 보고서를 잘 쓴다는 것은 곧 그 사람이 조직의 판단 흐름과 업무 맥락을 얼마나 잘 읽고, 어떻게 문제를 정리하고 해결하는지를 보여 주는 행위이기도 합니다.

결국 보고서를 잘 쓰는 사람은, 글을 잘 쓰는 사람이 아니라 생각을 잘 정리할 줄 아는 사람입니다. 보고는 단지 글이 아니라, 사고의 결과이자 설계된 커뮤니케이션입니다. 그리고 이 다섯 가지 능력을 갖춘 사람만이 조직 안에서 신뢰받는 보고자가 될 수 있습니다.

병원 차트에서 배우는 보고의 구조

병원을 방문해 본 사람이라면 누구나 한 번쯤 목격하게 되는 장면이 있습니다. 진료실에서 의료진이 환자와 대화를 나눈 뒤, 모니터를 바라보며 차트를 꼼꼼히 확인하고 무언가를 기록하는 모습입니다. 이처럼 병원 차트는 단순한 진료 기록이 아니라 환자의 상태를 정확히 이해하고, 의료진 간 정보를 효과적으로 공유하며, 일관된 치료를 가능하게 하는 핵심 커뮤니케이션 도구입니다.

환자 진료는 단일 행위가 아니라 여러 단계에 걸친 관찰, 판단, 조치가 반복되는 고도의 복합적 의사 결정 과정입니다. 이 과정에서 환자와 의료진 간, 혹은 의료진들 사이에서 오해나 정보 누락이 발생한다면, 단순한 착오를 넘어 치료의 실패나 환자의 생명에까지 영향을 주는 치명적인 결과로 이어질 수 있습니다. 실제로 의료 과실의 많은 원인이 단순한 지식 부족보다는 정보 전달과 의사소통의 오류에서 비롯된다는 점은 여러 연구와 사례에서도 확인되고 있습니다.

이러한 위험을 줄이고, 진료의 질을 높이기 위해 등장한 것이 바로 구조화된 의사소통 방식, 그중에서도 가장 대표적인 방식이 SOAP 노트입니다. SOAP는 네 가지 구성 요소의 앞 글자를 따온 것입니다.

- S(Subjective): 환자의 주관적인 진술, 즉 "어디가 아픈가요?"에 대한 환자의 답변과 느낌을 의미한다.
- O(Objective): 의료진이 직접 관찰하거나 검사 결과를 통해 얻은 객관적인 자료. 예를 들어, 혈압 수치나 촉진 시 통증 여부 등이 포함된다.
- A(Assessment): 앞의 주관적·객관적 정보를 종합하여 의학적 판단을 내리는 단계. 현재 상태에 대한 진단 또는 의심 진단이 여기에 해당한다.
- P(Plan): 향후 치료 계획이나 추가 검사, 약 처방, 경과 관찰 계획 등을 의미한다.

이 네 가지 항목은 단순히 문서를 정리하기 위한 항목 구분이 아닙니다. 의료 커뮤니케이션의 흐름을 정형화하고 사고의 과정을 구조화하는 도구입니다. 의사가 환자를 진료할 때마다 이 틀을 적용하면 빠뜨리는 정보 없이 환자의 상태를 종합적으로 파악할 수 있고, 다음 단계로의 연결도 매끄럽게 이어질 수 있습니다. 마치 보고서의 흐름을 설계하듯, 진료 역시 생각의 흐름에 구조를 부여하는 것입니다.

SOAP 방식이 가지는 가장 큰 장점은 다양한 의료진이 협업하는 환경에서 동일한 기준과 언어로 소통할 수 있도록 만든다는 점입니다. 병원에서는 한 명의 환자를 여러 명의 전문의, 간호사, 치료사가 함께 돌보는 경우가 많습니다. 이때 서로 다른 직무와 시각을 가진 의료진들이 공통된 구조로 정보를 기록하고 공유함으로써 환자 상태에 대한 정확한 이해와 빠른 대응이 가능해지는 것입니다. 이것은 곧 진료의 안정성과 연속성을 보장하는 매우 중요한 시스템적 장치입니다.

또한 SOAP 방식은 단순 반복적인 기록이 아니라 사고력 기반 기록이라는 점에서 의미가 있습니다. 의료진은 이 네 단계를 거치면서 단순한 증상 나열이 아니라, 문제를 어떻게 바라보고 해석했는지를 드러냅니다. 이는 곧 판단의 근거를 명확히 하고, 책임과 결정의 맥락을 공유하는 방법이기도 합니다. 실제로 잘못된 커뮤니케이션으로 인한 의료 사고 사례는 미디어를 통해 종종 보도됩니다. 응급실에서 환자의 초기 상태를 제대로 파악하지 못해 수술이 지연되거나, 환자에 대한 약물 정보가 전달되지 않아 중복 처방이 이뤄지는 등의 사례는 모두 정보 전달 체계의 부재 또는 미흡한 구조화에서 비롯된 일들입니다. 이런 사례는 단순한 기록 실수로 보기 어려우며, 체계적인 사고 구조와 기록 방식의 부재가 얼마나 큰 리스크를 초래할 수 있는지를 보여 주는 경고라 할 수 있습니다.

SOAP는 단순히 의료 현장에서만 적용되는 개념이 아닙니다. 정보를 수집하고 분석한 뒤, 판단과 실행 계획을 수립하는 구조화된 사고방식은 비단 병원뿐 아니라 보고서 작성, 경영 회의, 프로젝트 리뷰 등 다양한 업무 현장에서 그대로 활용될 수 있습니다. 그렇기 때문에 SOAP는 의료계를 넘어서 '구조적 커뮤니케이션'의 대표적인 사례로 자주 인용되며, 사고의 흐름을 구조화하고, 메시지를 분명히 하며, 판단의 책임과 방향을 명료화하는 방법론으로 주목받고 있습니다. 결국 SOAP 방식이 우리에게 던지는 메시지는 단순합니다. 생명이 오가는 중요한 결정일수록 소통은 더 체계적이고 논리적이어야 한다는 것입니다. 보고도 마찬가지입니다. 감각이나 경험에만 의존한 채 정리되지 않은 정보는 결코 설득력을 가질 수 없습니다. <u>어떤 메시지를 전달하든, 정보는 구조 안에서 비로소 의미를 가지며, 구조화된 사고는 모든 소통을 더 명확하고 안전하게 만든다는 사실을 SOAP는 잘 보여 주고 있습니다.</u>

① 병원 차트- SOAP 보고 케이스

"환자는 "어제저녁부터 속이 쓰리고 더부룩했어요. 밤새 자주 깼고, 아침엔 메스꺼웠습니다"라고 호소함(S-주관적 정보). 체온은 37.9도, 혈압 130/85, 심박수 94. 복부 촉진 시 상복부 압통 확인됨(O-객관적 정보). 위염 또는 위궤양 가능성 고려되어(A-의학적 판단) 위내시경 검사 예정이며, PPI 계열 약물 투여 시작함. 금식 유지 중이며 내과 협진 요청함(P-치료 계획)."

SOAP 방식은 원래 의료 현장에서 사용되는 기록 기법이지만 이를 회사 업무 환경에 맞게 적용하면 보고나 회의록, 상황 정리 문서, 피드백 리포트 등에서 체계적인 의사소통과 문제 해결 중심 사고를 훈련하는 데 효과적입니다.

회사에서 SOAP 방식이 유용한 이유는 주관과 객관을 구분하며 문제의 본질을 파악하는 데 도움이 되기 때문입니다. 즉, 문제 중심적 사고를 하게 됩니다. 다음으로 SOAP와 같은 구조는 상사나 이해관계자가 빠르게 정보나 상황을 파악할 수 있습니다. 이 방식은 계획이 명확하게 포함되어 있기 때문에 단순한 현황 보고가 아닌 실행을 유도하는 지침이 됩니다. 결과적으로 누가 봐도 동일한 판단이 가능하며 피드백과 인수인계 등 내부 커뮤니케이션과 의사 결정에 강력한 도구가 됩니다.

② 내부 팀 문제 상황 정리 케이스

S(주관적 진술)	마케팅팀 팀원 B는 "신제품 출시 일정이 너무 촉박하고, 디자인팀과 협업이 원활하지 않다"고 말함
O(객관적 사실)	실제 제품 출시일은 당초 계획보다 2주 앞당겨짐. 디자인팀 산출물 전달 지연 3건 발생. 주간 정기 회의 불참 2회 확인됨
A(평가 및 판단)	커뮤니케이션 채널 부재와 일정 조정 미흡이 원인. 일정 압박에 따른 부서 간 우선순위 충돌이 확인됨
P(계획)	디자인-마케팅 간 전담 커뮤니케이션 담당자 지정. 전사 일정표 공유 프로세스 수립. 다음 프로젝트부터 부서 간 킥오프 미팅 의무화

③ 고객 클레임 보고서 케이스

S(주관적 진술)	고객사 A 담당자는 "이번 캠페인 광고 노출이 기대에 미치지 못하고, 보고서도 일관성이 없다"고 피드백함
O(객관적 사실)	광고 노출 수: 예상치 대비 72% 수준. 리포트 내 지표 정의가 캠페인별로 상이함. SLA* 기준 리포트 발행 시점 2일 지연 발생
A(평가 및 판단)	보고서 작성 기준이 캠페인별로 통일되지 않았고, 노출 수 저조는 타깃 세분화 전략 미흡에서 기인한 것으로 판단됨
P(계획)	보고서 템플릿 재정비, 담당자 교육 실시 예정. 캠페인 전략팀과 타깃 재설정 협의 추진. 다음 보고서는 고객 요청 일정에 맞춰 3일 앞당겨 제출 예정

---

* SLA(Service Level Agreement)는 서비스 제공자와 고객 간에 약속하는 서비스 수준 계약을 말합니다.

PART 3

보고의 말:

- [ ] WORK
- [ ] REPORT
- [ ] PRESENTATION
- [ ] RELATIONSHIPS

일의 언어를 익혀야 보고를 잘할 수 있다

요즘 우리는 급격하게 변화하는 업무 방식 속에서 일하고 있습니다. 원격 근무가 빠르게 일상화되었고, 조직은 예전보다 훨씬 수평적이며, 정보는 무한하게 공유되고 있습니다. 또한 다양한 가치가 공존하는 직장에서 일한다는 것은 그 자체로 새로운 도전이기도 합니다.

이런 환경 속에서 많은 사람들이 한 번쯤은 '어떻게 하면 보고를 잘할 수 있을까?'라는 고민을 하게 됩니다. 그 해답의 시작은 다름 아닌 '일의 언어'를 익히는 것입니다. 보고는 단순한 커뮤니케이션이 아닙니다. 보고는 회사 고유의 언어, 다시 말해 일의 언어로 이루어집니다. 그래서 저는 보고를 회사에서 쓰는 언어, 또는 일을 위한 언어라고 표현합니다. <u>아무리 역량이 뛰어난 구성원이라 하더라도, 자신의 생각을 일의 언어로 효과적으로 전달하지 못한다면 그 능력은 조직 안에서 업무 능력으로 인정받기 어렵습니다.</u>

일의 언어라는 개념을 설명할 때, 저는 종종 손흥민 선수의 이야기를 예로 듭니다. 손흥민 선수는 만 16세 시절에 대한축구협회가 주최한 독일 연수 프로그램에 참가하게 됩니다. 당시 또래 선수들은 연수를 여행처럼 기대했지만, 손흥민 선수는 6개월이라는 시간을 자신의 축구 인생을 바꾸는 기회로 삼기로 마음먹었다고 합니다. 그리고 그가 처음으로 한 일은 바로 독일어 과외를 받는 것이었습니다. 단순히 축구 실력만으로는 성공할 수 없다는 걸 그는 이미 알고 있었던 겁니다. 6개월이 지나 연수가 끝났을 때, 대부분의 친구들은 한국으로 돌아갔지만, 손흥민 선수는 독일에 남게 되었고, 이후 영국 프리미어 리그까지 진출하게 됩니다. 그리고 그 과정에서 그는 다시 영어라는 새로운 일의 언어와도 씨름해야 했습니다. 손흥민 선수를 회사원에 비유한다면 어떤 모습일까요? 그는 새로운 조직에 들어갈 때마다, 그곳의 일의 언어를 가장 먼저 익히려 노력한 사람입니다. 아무리 개인 실력이 뛰어나도, 축구는 팀플레이입니다. 팀 안에서 언어가 통하지 않으면, 아무리 좋은 플레이도 협업이 되지 않습니다. 회사 조직도 마찬가지입니다. 일의 언어가 통하지 않으면 공통의 목표와 성과는 만들어지기 어렵습니다.

저는 인사 업무를 하면서 다양한 산업군을 경험해 왔습니다. 특정 기술보다 산업의 맥락, 조직의 문화, 시스템, 구성원의 배경 같은 것들이 모두 복합적으로 작용해 각 회사만의 독특한 일의 언어를 만들어 냅니다. 그래서 저는 이직을 고려할 때, 항상 그 회사의 언어를 내가 얼마나 빨리 배울 수 있을지를 먼저 따져 보게 됩니다. 많은 기업들이 동종 업계 경력자를 선호하는 것도 같은 이유입니다. 그들이 이미 일의 언어를 알고 있기 때문입니다. 특정 기술은 교육을 통해 얼마든지 가르칠 수 있습니다. 하지만 일의 언어는 아무도 가르쳐 주지 않습니다. <u>스스로 관찰하고 적응하면서 익혀야만 합니다.</u>

외국계 회사에 다니는 분들이 종종 "나는 영어는 못하는데, 회사에서는 조사 빼고 다 영어로 말할 수 있어"라고 농담 반, 진담 반으로 이야기하는 것도 같은 맥락입니다. 그분들은 그 조직에서 살아남기 위해 일의 언어를 체득한 사람들입니다. <u>제가 지금까지 다양한 조직에서 지켜본 우수 인재들의 공통점도 바로 여기에 있습니다. 그들은 자신의 직무 언어뿐만 아니라, 다른 부서와 직무의 언어도 능숙하게 사용합니다. 그래서 보고도 잘하고, 협업도 원활하고, 조직에서 신뢰받는 인재로 성장합니다.</u>

하나의 사례를 소개하고 싶습니다. 인사 업무를 하다 보면 인사권을 가진 임원들과 구성원 평가를 함께 하는 경우가 많습니다. 그중 기억에 남는 케이스가 있습니다. K 대리는 평소 성과가 뛰어나고 아이디어도 좋은 인재였습니다. 그래서 팀장으로 승진시켰는데, 막상 팀장이 되고 나서부터는 이전만큼 성과가 나오지 않는다는 평가가 많아졌습니다. 이유가 뭘까요?

K 대리는 여전히 '대리' 시절의 일의 언어로 일하고 있었던 것입니다. 팀장이 되었다면 팀장에 맞는 언어를 익히고, 보고 방식도 달라져야 합니다. 하지만 그 변화가 없었던 겁니다. 그는 여전히 열심히 일하고 있었고 성실하게 맡은 바 책임을 다했지만, 리더는 그의 '일의 언어'가 직무에 맞게 진화하지 않았다고 평가한 것입니다. 이 사례는 우리에게 중요한 사실을 말해 줍니다. 일의 언어는 단순히 보고를 잘하기 위한 수단이 아니라, 일의 성과 그 자체에도 깊이 영향을 미친다는 것입니다. 결국, 보고를 잘하고 싶다면 먼저 질문해야 합니다. "나는 지금, 우리 조직의 언어를 충분히 이해하고 있는가?" "내가 쓰는 이 언어는 지금 내 역할과 맞는가?" 이 질문에서부터, 진짜 보고의 기술은 시작됩니다.

구두 보고의 함정
: 맥락의 충돌에서 생기는 오해

직장에는 수많은 일의 언어가 오갑니다. 그러나 그중에서도 가장 핵심적이고 비중 있는 언어는 단연 '보고'입니다. 많은 사람들이 보고를 어려워하는 이유는 무엇일까요? 바로 보고를 지시하는 사람과 보고를 수행하는 사람 사이에 '의미의 충돌'이 발생하기 때문입니다. 그 대표적인 예가 바로 세대 간 소통 방식의 차이, 즉 MZ세대의 **저맥락 화법**과 기성세대의 **고맥락 화법** 사이에서 일어나는 충돌입니다.

고맥락 소통은 '말보다 분위기'가 중요합니다. 고맥락 커뮤니케이션에서는 메시지가 암시적으로 전달되며, 많은 정보가 비언어적 신호(예를 들어 상황, 분위기, 표정, 몸짓 등)에 의존합니다. 발언의 '내용'보다 그 말을 꺼낸 '상황과 맥락'을 읽는 것이 더 중요하게 여겨집니다. 예를 들어 상사가 이렇게 말합니다. "이 부분 조금 더 확인해 보면 어떨까요?" 이 말을 들은 구성원은 "상사가 확인만 원하시는구나"

라고 이해할 수 있지만, 상사의 실제 의도는 "전반적으로 다시 검토하라"는 뜻일 수 있습니다. 결과적으로 보고 내용 중 일부만 수정하게 되고, 상사는 원하는 수준의 수정이 이루어지지 않았다며 답답해 할 수 있습니다. 이처럼 고맥락 소통을 선호하는 상사와 일할 때는, 말의 뉘앙스와 상황 전체를 함께 고려하며 두세 번에 걸쳐 의미를 명확히 확인하는 과정이 반드시 필요합니다.

반면, 저맥락 소통은 '말 그대로의 의미'가 전부입니다. 저맥락 커뮤니케이션은 대부분의 정보가 말이나 글로 명시적으로 표현됩니다. 비언어적 요소나 상황 해석보다는, 직설적이고 구체적인 표현이 중요하게 여겨집니다. 말하는 사람이 자신의 의도를 명확히 설명하고, 듣는 사람도 그 말 그대로 이해하는 방식입니다. 예를 들어, 상사가 "이번 주까지 리포트가 마무리되면 좋겠어요"라고 말했다면, 고맥락 환경에서는 '금요일 전까지 마무리하라는 뜻'으로 받아들이지만, 저맥락 방식에 익숙한 구성원은 "마무리되면 좋겠다는 건, 꼭 이번 주까지는 아니구나"라고 받아들일 수 있습니다. 그래서 저맥락 소통에서는 이렇게 말하는 것이 일반적입니다. "이번 주 금요일 오후 3시까지 리포트를 제출해 주세요." 즉, 저맥락 소통은 명확한 언어적 지시를 통해 오해의 여지를 줄이는 것이 핵심입니다.

결론적으로 고맥락은 '관계와 분위기 중심', 저맥락은 '명확한 메시지 중심'입니다. 문제는 조직 내에서 이 두 방식이 공존하고 있고,

보고의 대부분은 구두 형태로 진행되기 때문에 이런 맥락의 차이가 오해와 충돌을 야기하는 핵심 요인이 된다는 것입니다. 그래서 보고를 잘하려면 단지 말하는 기술만이 아니라, 상황의 맥락을 읽는 힘, 그리고 그 맥락 속으로 개입하려는 용기가 필요합니다.

그렇다면 기성세대가 유독 고맥락 화법을 구사하는 이유는 무엇일까요? 제가 직장 생활을 25년 이상 하며 사원부터 지금까지 여러 단계를 거쳐 지켜본 바로는, 단순히 세대의 문제가 아닙니다. 조직에서 상위 위치로 올라갈수록 정확한 수치만으로는 결정을 내릴 수 없는 사안이 늘어나고, 오히려 그런 일이 더 중요해진다는 사실을 깨닫게 됩니다. 그러다 보니 자연스럽게 구성원에게 설명하거나 지시할 때도 맥락과 뉘앙스를 많이 담은, 이른바 '고맥락 화법'이 나타나게 되는 것입니다.

고맥락 화법의 장점은 명확합니다. 숫자나 문장에 다 담을 수 없는 복잡한 상황의 뉘앙스를 전달하고, 암묵적 경험이나 조직 문화 속에서만 통용되는 함의를 공유할 수 있습니다. 예컨대, "이건 지난번 프로젝트처럼 하면 될 것 같아"라는 한마디 속에는 수많은 맥락과 경험이 담겨 있어, 긴 설명 없이도 팀 전체가 빠르게 합의할 수 있습니다.

하지만 동시에 한계도 분명합니다. 듣는 사람이 경험과 배경지식이 부족하다면 그 맥락을 전혀 이해하지 못하고, 오히려 혼란만 커질 수 있습니다. 특히 세대 차이나 조직 경험의 격차가 클수록 "왜 이렇게 말이 불분명하지?"라는 오해를 낳기도 합니다.

따라서 리더의 고맥락 화법은 때로는 강력한 소통 도구가 되지만, 동시에 "얼마나 풀어서 설명할 것인가"를 끊임없이 조율해야 하는 숙제를 안고 있습니다.

처음부터 이 두 가지를 완벽하게 해내는 사람은 없습니다. 수많은 상황에 부딪히고 오해하고 실수하면서 익혀야 하는 영역입니다. 그리고 그 과정에서 우리는 점점 더 정교하게 맥락을 읽고, 구두 보고를 설계할 수 있는 힘을 얻게 됩니다. <u>보고는 단순한 정보 전달이 아니라, 맥락과 해석을 넘나드는 전략적 커뮤니케이션임을 잊지 말아야겠습니다.</u>

보고의 시작은
사고력

보고를 위한 준비라고 하면, 무엇이 가장 먼저 떠오르시나요? 대부분의 직장인들은 '사실 확인, 정보 수집, 예상 질문 정리' 등을 떠올릴 겁니다. 모두 맞는 이야기입니다. 하지만 이 중 어느 하나라도 부족하면 보고는 쉽지 않습니다. 사실이 명확하지 않거나, 정보가 충분히 확보되지 않았거나, 상황이 급박해 시간이 부족한 경우, 이럴 땐 누구나 보고를 망설이게 됩니다.

그리고 결국 보고는 지연되거나 완성도가 떨어지고, 보고를 기다리던 상사는 답답해하며 재촉하게 됩니다. 많은 분들이 이런 상황을 "정보가 부족해서 어쩔 수 없었다"고 말하지만, 실제로는 정보가 아니라 '사고력'이 부족했기 때문인 경우가 많습니다.

구두 보고는 사고력이 전부다

문서를 기반으로 하는 보고보다, 말로 하는 구두 보고에서는 특히 탄탄한 사고력이 중요합니다. 그 이유는 보고하는 상황 자체가 늘 변하기 때문입니다. 정보는 계속 업데이트되고, 사건은 실시간으로 진행되며, 상황은 예상과 다르게 흘러가기도 합니다. 보고는 이런 '변화 속에서 판단을 내려야 하는 커뮤니케이션'입니다. 따라서 사고력이 받쳐 주지 않으면 보고를 제대로 해내기 어렵습니다.

찰나의 기회를 포착하고, 상황 흐름을 유연하게 바꾸며, 복잡한 변수 속에서도 다음을 예측할 수 있는 힘, 이 모든 것이 바로 보고자의 사고력에서 나옵니다. 그렇다면 보고에 필요한 사고력은 어떤 것일까요? 우리가 초등학교 교과서에서부터 배워 온 '비판적 사고'를 포함해, 실제 현장에서 유용하게 쓰이는 일곱 가지 사고 프레임을 뒤의 표에 정리했습니다.

이 일곱 가지 사고방식 모두 중요하지만 실제 업무 상황에서는 직무와 산업 특성에 따라 주로 활용되는 사고력이 다릅니다. 예를 들어, 재무Finance 직무를 맡고 있고 제조업에 종사하는 분이라면 분석적 사고와 비판적 사고가 가장 중요할 것입니다. 숫자를 해석하고 데이터의 의미를 읽고 예측 가능성을 검토하는 보고가 대부분이기 때문입니다. 반면, 마케팅 직무를 하고 있고 산업군이 리테일이라면 창의적 사고와 비판적 사고가 중요합니다. 소비자의 반응을 예측하고

1. 비판적 사고 (Critical thinking)	• 논리적 분석: 정보의 타당성과 근거를 검토 • 문제 해결: 다양한 해결책 탐색과 최선의 선택 • 의사 결정: 여러 선택지 중 최적의 안을 고르는 능력
2. 창의적 사고 (Creative thinking)	• 발산적 사고: 여러 아이디어를 자유롭게 떠올림 • 융합적 사고: 서로 다른 아이디어를 연결해 새로운 해결책 도출 • 상상력: 기존 틀을 벗어난 새로운 시각의 제안
3. 논리적 사고 (Logical thinking)	• 추론: 주어진 정보로부터 결론 도출 • 원인과 결과: 사건의 구조를 분석 • 체계적 사고: 단계적 접근을 통한 해결
4. 추상적 사고 (Abstract thinking)	• 개념화: 구체적 현상을 원칙적으로 이해 • 패턴 인식: 다양한 상황 속 공통된 구조 발견 • 메타 사고: 자기 사고를 되돌아보고 조정하는 능력
5. 분석적 사고 (Analytical thinking)	• 세부 사항 평가: 문제를 쪼개어 세밀하게 분석 • 비교 및 대조: 대안 간 차이점과 공통점 파악 • 데이터 해석: 수치나 정보를 통해 의미 도출
6. 직관적 사고 (Intuitive thinking)	• 직관적 이해: 빠른 판단과 통찰 • 감정적 직관: 타인의 반응과 감정까지 고려한 판단
7. 통합적 사고 (Integrative thinking)	• 전체와 부분을 연결해 이해하는 능력 • 시스템 사고: 복잡한 구조 안의 관계와 흐름을 읽는 능력

새로운 시도를 제안해야 하는 보고가 많기 때문입니다. 이처럼 자신의 업무 성격에 맞는 사고 프레임을 중심으로 훈련하고 적용하는 것이 중요합니다.

코로나19 이후,
사고의 패러다임이 바뀌었다

코로나19라는 팬데믹 이후, 많은 기업들이 공통적으로 가장 중요한 역량으로 꼽는 것이 위기 대응 능력입니다. 앞서 이야기한 일곱 가지 사고의 프레임 중 빠른 결정과 민첩한 실행이 요구되는 시대에서 특히 빛을 발하는 사고가 있습니다. 바로 **직관적 사고**와 **통합적 사고**입니다. 그런데 여기서 한 가지 오해가 있습니다. 직관이라고 하면 흔히 감정적 판단, 근거 없는 느낌으로 여겨지기 쉽습니다. 하지만 진짜 직관은 단순한 감이 아닙니다. 직관은 수많은 시행착오, 경험, 반복된 관찰을 통해 얻은 통찰의 결과입니다.

직관적 사고의 대표 사례로 양궁 금메달리스트 김우진 선수를 들 수 있습니다. 김우진 선수의 인터뷰가 직관에 대해 아주 명확한 예를 보여 줍니다. 기자가 묻습니다. "그 먼 거리에서 어떻게 10점을 연속으로 맞히시나요? 과녁이 그렇게 잘 보이시나요?" 김우진 선수는 이렇게 대답합니다. "사실 저희도 과녁이 잘 보이지 않습니다. 저희는 직감에 의존합니다. 눈을 감고도 맞힐 수 있을 만큼 수만 번 연습을 합니다. 매번 바람과 공기, 습도, 컨디션이 다릅니다. 수없이 시도하고 실패하고, 다시 분석하고 또 시도하는 과정 속에서 직감을 키우는 겁니다." 이 말은 그대로 직관적 사고의 본질을 설명합니다. <u>직관은 축적된 경험과 자기 인식, 환경에 대한 이해가 만들어 낸 '신속한 판단력'</u>입니다. 직관이 강해질수록 빠르게 결정하고, 복잡한 상황에서 분석 없이도 정확한 방향을 선택할 수 있습니다.

직관적 사고가 강한 사람일수록 통합적 사고력도 뛰어납니다. 그들은 정보를 조각조각 나누어 보지 않고, 전체를 하나로 묶어 바라보며 판단합니다. 그래서 위기의 기업을 되살린 리더들의 공통점 중 하나는 논리와 직관을 동시에 활용하는 역량입니다. 실리콘밸리의 베테랑 투자자 리처드 모란은 《결정하는 습관》이라는 책에서 자기 인식Self-awareness이 강할수록 자기 자신에 대해 잘 이해하기 때문에, 직관의 힘 역시 강해진다고 했습니다. 이 말은 곧, 직관은 나 자신과 상황을 깊이 이해할 때 비로소 신뢰할 수 있는 도구가 된다는 것을 뜻합니다.

보고를 위한 진짜 준비는 '생각의 힘'을 키우는 것

보고는 정보를 정리하는 것이 아니라, 정보를 어떻게 해석하고 판단할지 '사고의 틀'을 적용하는 과정입니다. 보고의 완성은 결국, 보고자의 사고력에서 결정됩니다. 생각은 훈련된 사람만이 잘할 수 있습니다. 따라서 보고를 잘하고 싶다면, 가장 먼저 해야 할 일은 자신의 사고력 프레임을 점검하고 키우는 일입니다. 다양한 사고를 파도 타듯 유연하게 넘나들 수 있는 사람이 어떤 상황에서도 흔들리지 않고 소통하고 보고할 수 있는 사람이 됩니다.

보고의 말과
일상의 말은 다르다

보고를 잘하려면 먼저 말의 종류부터 구분할 줄 알아야 합니다. 그중에서도 가장 혼동하기 쉬운 것이 바로 '보고의 말'과 '일상의 말'입니다. 많은 사람들이 보고도 대화라고 생각하기 때문에 일상적인 말투와 방식으로 접근하지만, 실제로 이 둘은 기능도 목적도 영향력도 완전히 다른 언어입니다.

일상의 말은 사람과 사람 사이의 관계를 이어 주기 위한 말입니다. 상대방의 기분을 살피고, 분위기를 부드럽게 만들며, 감정을 주고받는 데 초점이 맞춰져 있습니다. 말의 정확성보다 따뜻함, 공감, 여유가 중요하고, 실수가 있어도 맥락이나 눈치로 보완되는 경우가 많습니다. "점심 드셨어요?", "요즘 바쁘시죠?", "고생 많으세요" 같은 말들이 대표적인 예입니다. 이러한 일상의 말은 인간적인 관계를 형성하고 팀워크를 유지하는 데 있어 꼭 필요한 요소입니다.

하지만 보고의 말은 다릅니다. 보고는 관계가 아니라 성과와 연결되는 말입니다. 기분이나 느낌이 아닌, 일의 흐름과 문제 해결에 집중해야 합니다. 말의 목적은 감정을 주고받는 것이 아니라, 정확한 판단과 빠른 결정을 이끌어 내는 것입니다. 따라서 보고의 말은 훨씬 더 명확하고 구체적이어야 하며, 특히 '언제, 무엇을, 어떻게 말하느냐'가 결정적인 차이를 만듭니다. 보고의 말에서 가장 핵심적인 요소는 바로 타이밍입니다. 보고는 상사가 '궁금할 때', '결정을 내려야 할 때' 즉시 제공되어야 합니다. 말 한마디가 빠르냐 늦냐에 따라 프로젝트가 성공할 수도 있고, 반대로 신뢰를 잃을 수도 있습니다. 사소해 보이는 말 한 줄이 비즈니스에 크게 영향을 미칠 수 있는 이유가 여기에 있습니다. 보고 상황에서 자주 들을 수 있는 말 중에는 이런 것들이 있습니다. "그래서 결론이 뭔가요?" "핵심만 다시 얘기해 주세요." 이건 상사의 성격이 급해서가 아니라, 보고가 일의 속도와 결정을 따라오지 못하고 있다는 신호입니다.

<u>보고는 말의 형식을 따르지만, 그 본질은 정보 전략입니다.</u> 말을 얼마나 잘하느냐가 아니라, 상대가 어떤 결정을 내려야 하는지에 맞춰 정보를 구조화하는 능력이 중요합니다. 보고의 말은 상황을 정리하고, 문제를 규명하고, 해결 방향을 제시하며, 결국 실행까지 유도하는 말입니다. 이처럼 보고의 말과 일상의 말은 역할이 다릅니다. 일상의 말은 친밀함을 만들지만, 보고의 말은 신뢰와 성과를 만드는

도구입니다.

두 가지 모두 중요하지만, 혼용하면 안 됩니다. 보고 자리에서 일상처럼 말하면 흐릿한 보고가 되고 일상 대화에서 보고처럼 말하면 거리감만 생기게 됩니다. 보고의 말은 말의 기술이 아니라, '일을 주도하는 언어' 바로 일의 언어입니다. 따라서 일의 성과를 만들고 싶다면 일상의 말에서 한 걸음 나와, 보고의 말을 쓸 줄 아는 사람이 되어야 합니다. 그것이 바로 보고를 잘하는 첫 번째 시작입니다.

위기를 기회로 만드는
보고 한마디

보고는 항상 계획대로 흘러가지 않습니다. 말을 잊거나, 수치를 틀리거나, 질문에 답하지 못하거나, 회의 분위기가 얼어붙는 등 예기치 못한 변수가 언제든 발생할 수 있습니다. 그러나 이런 순간이 반드시 실패로 이어지는 것은 아닙니다. 오히려 위기의 순간 단 한 줄의 말이 상황을 반전시키고 신뢰를 만들며 당신의 존재감을 각인시킬 수 있습니다. 보고의 실력은 위기를 대처하는 순발력에서 드러납니다.

1. 실수했을 때 – 솔직한 인정이 신뢰를 만든다

보고 중 실수가 드러났을 때, 대부분의 사람들은 본능적으로 변명하거나 회피하려 합니다. 그러나 진짜 신뢰는 빠르고 솔직한 인정에서 나옵니다. "이 부분은 제가 확인을 소홀히 했습니다. 지금 바로 체크하겠습니다." "이 지점은 제가 실수했습니다. 그 책임은 분명히 제 몫입니다." 실수 자체보다 더 중요하게 평가되는 것은 그 실수를 어떻게 인정하고 대처하는가입니다.

2. 준비 부족이 드러났을 때 – 재빠른 전환으로 중심 되찾기

예상 밖의 질문이나 정보 요구에 당황하는 경우, 순간의 공백을 논리적 전환으로 극복하는 것이 관건입니다. "그 지점은 오늘 보고의 범위를 넘어서는 내용이라, 따로 정리해서 바로 드리겠습니다." "지금 바로 답변드리기보단, 더 정확한 데이터를 확보해 말씀드리는 게 낫겠습니다." 준비가 부족할수록 더 중요한 것은 침착함과 방향 감각입니다.

3. 당황스러운 질문이 나왔을 때 – 한 템포 멈춤과 응용 리액션

질문에 답이 바로 떠오르지 않을 때는 무리하게 말하지 말고, 한 템포 쉬어 가는 것이 오히려 프로다운 인상을 줍니다. "좋은 질문 주셔서 감사합니다. 그 부분은 저도 고민이 많았는데요…." "그 질문을 듣고 보니, 제가 놓친 시각이 있었던 것 같습니다." 정답을 즉시 말하는 것보다 중요한 건 질문을 대하는 태도입니다.

4. 분위기가 무거울 때 – 예상 밖의 유머로 리프레시

회의 분위기가 딱딱하거나 무거워졌을 때, 가볍고 센스 있는 유머는 긴장을 풀어 주는 역할을 합니다. "이 수치가 제 월급만큼 올라가면 참 좋겠습니다만…" "지금 제가 숨을 못 쉬고 있어서, 10초만 쉬고 가겠습니다." 단, 유머는 공감을 전제로 해야 하며, 말장난식 유머는 오히려 역효과를 낼 수 있습니다. 그래서 유머는 효과는 좋지만 매우 조심스럽습니다. 하지만, 프로 보고자 중에서 세련된 유머를 구사하는 사람을 보면 늘 상사의 피드백이 좋을뿐더러 일을 진행하는 추진력 또한 뛰어남을 확인할 수 있습니다.

5. 팀 실수를 대신 책임질 때 – 책임지는 한 문장의 무게

팀의 실수를 대신 짊어지는 리더다운 문장은, 그 자체로 강한 인상을 남깁니다. "이 부분은 제 책임입니다. 제 판단이 부족했습니다." "최종 점검이 제 몫이었는데, 그걸 놓쳤습니다." 이 한 문장은 단순한 사과가 아니라, 리더십의 자질로 해석됩니다. 요즘 많은 조직에서 이런 리더를 보기 어렵다고 말합니다. 실수를 팀원에게 돌리기 급급하고 다른 구성원들 앞에서 타박하거나 책임을 전가하는 듯한 언행을 하는 경우도 있습니다. 설령 본인 구성원의 실수라고 해도 리더는 책임지는 모습을 보여야 합니다.

보고는 '잘할 때'보다 '틀릴 때'가 더 중요합니다. 위기 상황에서 어떤 말을 하느냐가 당신의 태도, 사고력, 책임감을 보여 주는 순간입니다. 그 한 문장이 신뢰를 만들고, 여운을 남기며, 상황을 리드합니다.

상황	피해야 하는 반응	보고자를 살리는 한마디
1. 자료 오류/누락이 발견됐을 때	"그런 줄 몰랐는데요…." "이건 제 잘못이 아닌데요…."	→ "그 부분은 제가 빠르게 확인하고 바로 정리해서 드리겠습니다." → "최종 확인은 제 몫인데, 그걸 놓쳤습니다. 바로 보완하겠습니다."
2. 질문에 당황했을 때	"잘 모르겠습니다…." "그건 제 담당이 아니어서요…."	→ "지금 정확히 말씀드리긴 어렵지만, 확인해서 바로 답 드리겠습니다." → "이 파트는 제가 직접 맡진 않았지만, 관련 내용 파악해 말씀드리겠습니다."
3. 상사의 표정이나 반응이 차가울 때	멘붕, 얼버무림 아무 말 없이 다음 페이지 넘기기	→ "혹시 제가 설명을 명확히 못 드린 부분이 있을까요?" → "이 부분에 대해 우려되는 지점이 있다면 말씀 부탁드립니다."
4. 보고 순서나 흐름이 꼬였을 때	"죄송합니다. 제가 헷갈렸어요…." 당황한 표정 반복하기	→ "설명 순서를 바꿔 말씀드리면 더 명확할 것 같습니다. 잠시 흐름을 조정하겠습니다." → "핵심부터 먼저 말씀드리고 다시 정리해 보겠습니다."
5. 긴장으로 말이 꼬이거나 멈췄을 때	무리하게 이어 가기 말줄임으로 마무리하기	→ "잠시만요. 핵심을 더 정확히 전달하고 싶어서요." (* 숨 고르기) → "결론부터 다시 짧게 정리하겠습니다."
6. 회의 분위기가 과하게 무겁거나 냉랭할 때	그냥 진행하기 본인도 위축되기	→ "분위기가 살짝 무거운데요, 다음 장은 조금 가벼운 이야기입니다." → "지금 제가 숨을 못 쉬고 있어서 10초만 숨 고르고 가겠습니다." (* 가벼운 유머 + 리셋 효과)

리딩 컴퍼니들의
보고의 비밀

전 세계 수많은 기업들이 톱Top 컴퍼니의 움직임에 주목하는 이유는, 그들의 결정 하나가 글로벌 경영과 산업 지형을 바꿀 수 있기 때문입니다. 한 분야를 이끈다는 것은 잘하는 것을 반복하는 데서 오는 것이 아니라, 위험을 감수하고 새로운 도전을 지속하며 그것을 성과로 연결시키는 데서 시작됩니다. 글로벌 리딩 컴퍼니들의 '보고의 비밀'에 주목해야 하는 이유는, 보고는 단순한 커뮤니케이션이 아니기 때문입니다. 보고는 일의 흐름을 설계하고 성과의 방향을 이끄는 전략적 도구입니다. <u>글로벌 리딩 컴퍼니들이 보고에 각별한 의미를 두는 이유는 '조직 전체를 움직이는 힘'이 보고에서 시작된다는 사실을 알고 있기 때문입니다.</u>

 이들 기업의 보고 방식은 몇 가지 분명한 공통점을 가지고 있습니다. 첫째, '보고의 목적'을 명확히 한다는 점입니다. 단순히 "무엇을 했다"가 아니라 "왜 이 일이 중요하며, 다음 단계에서 무엇을 해야 하는가"까지 연결되는 구조를 가집니다. 둘째, '상대 중심의 사고'를 기반으로 한다는 점입니다. 보고를 받는 리더가 빠르게 판단하고 결정할 수 있도록 구성하는 능력은 보고자가 가진 정보력뿐 아니라 '판단자의 관점'을 얼마나 꿰뚫고 있는지에 달려 있습니다. 이러한 보고 방식은 단순한 스킬이 아니라, 조직 전체의 사고 체계와 문화로 연결됩니다. 글로벌 리딩 컴퍼니들은 보고를 단지 '상사에게 하는 설명' 수준에 두지 않습니다. 그들은 보고를 통해 문제를 정의하고, 현상을 진단하며, 새로운 시도를 설득하고 실행에 옮깁니다. 다시 말해, 보고는 '일을 설명하는 기술'이 아니라 '일을 이끄는 사고력' 그 자체입니다.

따라서 글로벌 리딩 컴퍼니들의 보고의 비밀을 아는 것은 단지 보고의 스킬을 배우는 데 그치지 않습니다. 그것은 일을 대하는 태도와 사고의 깊이, 그리고 조직을 움직이는 커뮤니케이션의 본질을 배우는 일입니다. 우리가 그들의 방식에서 인사이트를 얻고 그것을 우리 조직 문화에 맞게 변형하고 실천해 나간다면, 단순히 보고가 바뀌는 것이 아니라 일의 질과 방향, 그리고 결과까지도 바뀌게 됩니다.

지금 당신의 보고는 무엇을 향하고 있습니까? '일을 설명하는' 수준에 머물고 있나요, 아니면 '일을 움직이게 하는' 보고를 하고 있나요? 글로벌 리딩 컴퍼니들이 보여 주는 보고의 본질에서 그 답을 찾을 수 있습니다.

1. 구글의 OKR - 일관성 있고 측정 가능하게 보고하라

구글에는 이미 잘 알려진, 규격화된 내부 업무 방식, 즉 보고 방식이 있습니다. 바로 OKR_{Objectives and Key Results}입니다. OKR은 비즈니스 목표_{Objectives}와 그 목표를 달성하기 위한 핵심 결과_{Key Results}를 설정하여 성과를 수치화하고, 조직 내 목표 달성을 체계적으로 관리하는 것을 목적으로 합니다. 이 프레임워크는 구글의 빠르고 혁신적인 성장을 가능하게 한 핵심 문화이자 실행 시스템으로 자리 잡았으며, 오늘날 많은 국내외 기업들이 이를 참고해 자사의 방식에 맞게 변형·적용하고 있습니다.

OKR에서 Objectives는 '무엇을 달성할 것인가'를 명확하고 구체적으로 설정하는 데서 시작합니다. 누구나 보고 이해할 수 있으며, 구성원에게 영감을 줄 수 있는 형태여야 합니다. 예를 들어 '신규 사용자 30% 증가'라는 목표를 설정하면 각 부서와 팀, 개인은 이 목표를 달성하기 위한 실행 계획을 수립하게 됩니다.

Key Results는 해당 목표의 달성 여부를 평가할 수 있도록 수치화된 지표로 정의됩니다. 예를 들어 '웹사이트 신규 가입자 10만 명 추가', '방문자 수 15% 증가' 등의 결과가 설정된다면, 이 수치들을 통해 '신규 사용자 30% 증가'라는 목표에 얼마나 기여했는지를 측정

할 수 있게 됩니다.

구글이 OKR을 전사적 표준 프레임으로 강조하는 이유는 명확합니다. 모든 구성원이 동일한 비즈니스 목표를 이해하고, 같은 방향으로 에너지를 집중할 수 있기 때문입니다. 이는 단기적으로 최고의 효율을 이끌어 내는 데 매우 효과적입니다. 구글은 이를 '투명성 Transparency'이라고 표현합니다. 모든 직원은 자신의 OKR을 공유하고, 회사의 목표와 자신의 목표가 연결되도록 설정합니다. 이 과정은 조직과 개인이 함께 성장하는 기반이 됩니다.

또한, 목표가 전사적으로 투명하게 공유된다는 것은 각 팀이 하나의 방향으로 정렬된 상태를 유지한다는 것을 의미합니다. 실제로 많은 조직들이 전사 목표와 부서별 목표 간의 불일치로 인해 혁신이 지연되거나 불필요한 비용을 초래하는 경우가 많습니다. OKR은 이러한 비효율을 줄이고 전략적 조화를 이끌어 내는 데 중요한 역할을 합니다.

무엇보다 OKR의 핵심은 '성과를 측정할 수 있는 도구'로 활용된다는 점입니다. 구글은 이를 기반으로 OKR을 설정하고 정기적으로 점검하며, 목표 달성을 위한 지속적인 피드백과 평가를 통해 성장을 추구합니다. OKR은 단순한 보고 체계를 넘어, 일하는 방식의 혁신을 이끄는 전략적 도구로 자리 잡고 있는 것입니다.

2. 맥킨지의 MECE – 보고할 주제만 선별하여 명료하게 보고하라

맥킨지앤컴퍼니는 글로벌 경영 컨설팅 회사로, 기업은 물론 정부 및 비영리 단체에 이르기까지 다양한 조직에 전문적인 조언과 컨설팅 서비스를 제공합니다. 이들이 수행하는 모든 일은 결국 보고로 귀결된다고 해도 과언이 아닙니다. 그래서 맥킨지의 보고는 명확하고 간결하며, 철저한 논리 구조를 바탕으로 하는 것으로 유명합니다.

맥킨지는 보고와 문제 해결 과정에서 그 유명한 MECE(Mutually Exclusive, Collectively Exhaustive)라는 두 가지 핵심 원칙을 기반으로 합니다. 이는 중복 없이, 빠짐없이 문제를 구조화하는 체계적인 접근 방식입니다.

- Mutually Exclusive(상호 배타적): 각 항목이 서로 겹치지 않도록 구성되어야 하며, 동일한 정보가 반복되지 않도록 배제하는 것이 중요
- Collectively Exhaustive(전체 포괄적): 빠짐없이 모든 관련 요소를 포괄하여 문제를 완전히 다루는 것이 핵심

예를 들어, 판매 전략에 대해 보고할 때 '온라인'과 '오프라인'으로 구분하면 중복 없이 전체를 아우르는 MECE 원칙을 적용한 구조가 됩니다. 또 시장 상황을 분석할 경우, '예측 가능한 변수'와 '예측 불가능한 변수'를 모두 고려해 전체 시장을 조망하는 방식 역시

MECE적 접근입니다.

맥킨지식 보고가 특히 논리적이라고 평가받는 이유는 그 내용보다도 보고의 형식과 구조에 있습니다. 과거에는 컨설팅 서비스를 통해 최신 정보나 데이터를 확보하고 이를 바탕으로 전략적 의사 결정을 내리는 것이 주목적이었습니다. 이 과정에서 보고의 구조적 완성도는 기업 경쟁력에 직접적인 영향을 주었습니다.

그 대표적인 구조가 바로 피라미드 구조입니다. 이는 핵심 결론을 가장 먼저 제시한 후, 이를 뒷받침하는 논리와 데이터를 아래에 배치하는 방식입니다. 예를 들어, CEO가 "신규 시장 진입 가능성을 검토해 달라"고 요청했을 때, 맥킨지식 보고는 다음과 같이 전개됩니다.

- 핵심 결론: "회사의 신규 시장 진입은 성공 가능성이 높습니다."
- 주요 근거:
    - 시장 조사 결과, 경쟁업체의 낮은 진입률
    - 고객 수요의 지속적 증가 및 긍정적 수익 전망
    - 자사의 강력한 마케팅 및 유통 역량

이와 같은 구조는 수신자가 제한된 시간 안에 핵심 내용을 빠르게 이해할 수 있도록 돕는 데 매우 효과적입니다. 맥킨지식 보고는 복잡한 내용을 간결하고 명확하게 전달하는 것을 목표로 합니다. 불필요한 세부 사항이나 모호한 표현은 최대한 배제하고, 핵심 정보만을 압축적으로 전달합니다. 하지만 실제 보고를 해 본 사람이라면 알 수 있듯, 정보가 넘쳐 나는 시대에 간결하고 명확하게 정리하는 일은 결코 쉽지 않습니다.

정보 접근이 어려웠던 과거에는 '누가 더 많은 정보를 확보하느냐'가 보고의 질을 결정했고, 정보의 양이 곧 권력과 경쟁력을 의미했습니다. 하지만 오늘날은 오히려 방대한 정보의 홍수 속에서 얼마나 빠르고 정확하게 핵심 정보를 선별해 간결하게 전달할 수 있는가가 보고의 핵심 역량이 되었습니다. 그럼에도 불구하고, 여전히 많은 조직에서는 보고서의 양으로 성실함을 증명하려는 문화가 남아 있습니다. 정보가 넘치는 시대, 이제 보고는 '많이'가 아닌 '정확하게, 간결하게'가 기준이 되어야 합니다.

3. 애플의 단순함 – 치열하게 간결하게, 완벽하게 보고하라

애플은 전통적인 여러 단계를 거치는 복잡한 보고서보다는 핵심을 간결하게 전달하고 결정을 빠르게 내리기 위한 효율적인 보고 방식을 추구합니다. 애플의 보고 방식은 실행 중심의 문화를 강조하는 조직 문화와 사업 전략에 바탕이 됩니다.

누구나 애플의 창업자 스티브 잡스를 떠올리면 애플의 철학을

한 번에 이해할 수 있습니다. 애플의 철학은 복잡함 속에서 단순함을 찾는 것입니다. 스티브 잡스는 '복잡한 것을 단순하게 만드는 것이 진정한 혁신'이라 강조했습니다. 이것을 Simplicity(단순화)라고 할 수 있습니다. 이는 제품뿐만 아니라 보고 방식에도 적용됩니다. <u>애플의 보고서는 가능한 한 단순하고 명확하게 작성되며, 불필요한 정보나 장황한 설명은 최소화해야 합니다.</u> 결론과 핵심 메시지를 명확하게 전달하는 것이 중요하며, 디자인과 사용자 경험을 중시하는 애플은 보고서나 프레젠테이션에서도 비주얼을 적극 활용합니다. 스티브 잡스가 주도한 신제품 출시 발표에서 볼 수 있듯이 간단한 그래프, 차트, 이미지 등의 시각적 요소를 최대한 활용하여 청중의 이해를 돕고 핵심 메시지를 직관적으로 전달하는 데 주력합니다.

혁신의 아이콘인 애플의 일하는 방식은 동종 업계에서도 손꼽힐 만큼 일의 양과 강도가 강하기로 유명합니다. 완벽주의자라고 알려져 있는 스티브 잡스가 그토록 집착한 것은 '완벽하고 단순하게'였습니다. 그래야 다양한 구성원들이 한정된 시간과 재화 안에서 같은 목표점을 향해 최고의 결과를 도출할 수 있기 때문입니다.

애플의 보고는 실행을 위한 결정과 다음 단계로의 움직임을 지원하는 데 중점을 두기 때문에 수십 년이 지난 지금도 애플의 보고법은 많은 기업에서 활용되고 더욱 적극 반영되고 있습니다. 그만큼 우리가 직면한 긴박하고 다양한 비즈니스 환경에서 애플의 보고법이 오랫동안 검증되었다는 말이기도 합니다. 그렇다면 애플의 보고법 즉, '스티브 잡스의 보고법'이라고도 할 수 있는 보고법의 근본적인 뿌리와 핵심은 무엇일까요? 꼭 짚고 넘어가야 하는 이 부분은 뒤의 챕터에서 보다 자세히 살펴보겠습니다.

4. 엔비디아의 스토리텔링 – 보고는 곧 사고이고 전략이다

엔비디아의 일하는 방식은 혁신, 속도, 그리고 집중된 목표를 기반으로 하며, 특히 AI와 GPU* 기술을 중심으로 한 강력한 연구 개발 문화를 자랑합니다. 1993년에 설립된 엔비디아는 30년 넘게 GPU 개발한 분야에 집중하며 비즈니스를 성장시켜 왔습니다. AI 시대의 핵심 인프라를 제공하고 있는 엔비디아는 급부상한 스타트업이 아니라, 오랜 시간 한 분야를 깊이 있게 파고들며 글로벌 기술 산업의 중심으로 자리 잡은 기업입니다.

　엔비디아의 보고 방식을 이해하려면, 강력한 CEO 중심의 체제와 흔들림 없이 한 방향을 고수해 온 CEO 젠슨 황의 리더십 스타일을 빼놓을 수 없습니다. 그의 리더십은 조직의 일하는 방식은 물론 보고 방식에도 깊은 영향을 주며, 리더의 역량이 곧 조직의 방식이

---

* GPU(Graphics Processing Unit)는 컴퓨터 그래픽과 영상 처리를 담당하는 전용 프로세서를 의미합니다. GPU는 다수의 연산 코어를 이용하여 병렬 처리가 가능하므로, 게임, 영상 편집, 인공지능 모델 학습 등에서 중요한 역할을 합니다.

될 수 있음을 보여 줍니다. 젠슨 황은 강한 비전과 신념을 바탕으로 도전적인 목표를 제시하고, 강한 몰입과 팀워크를 강조하는 카리스마 있는 리더십을 보입니다. 그는 직접 제품을 시연하고 기술에 깊이 관여하는 실무형 리더로도 유명하며, 'GPU가 미래 컴퓨터의 핵심'이라는 확고한 비전 아래 수많은 실패 속에서도 끊임없는 R&D 투자로 기술 혁신을 주도해 온 개척자형 리더이기도 합니다.

그는 기술 시장의 빠른 변화에 대응하기 위해 신속한 보고와 빠른 결정의 중요성을 누구보다 잘 이해하고 있었으며, 기회를 선점하는 전략과 고객 중심의 사고방식을 조직 전반에 강조해 왔습니다. 기술 개발은 '혁신' 자체보다도 '문제 해결'에 초점을 맞춰야 한다는 그의 철학은 제품 설계와 보고 방식에도 그대로 반영되어 있습니다.

보고나 발표에서 젠슨 황은 긴 문장의 보고서보다 시각적 자료를 선호합니다. 복잡한 기술 정보를 누구나 쉽게 이해할 수 있도록 전달하는 것이 핵심입니다. 그의 보고 스타일은 크게 두 가지로 요약됩니다.

① 스토리텔링 보고법: 복잡한 기술을 사람 중심의 이야기로 쉽게 풀어내는 방식이다. 예를 들어, AI와 GPU 기술이 게임 산업을 어떻게 혁신하는지, 자율 주행차를 어떻게 발전시키는지, 데이터 센터의 성능이 어떻게 삶의 질에 영향을 주는지를 스토리

처럼 전달한다.

② 청중 맞춤형 보고법: 보고받는 사람의 배경에 따라 보고의 깊이와 관점을 조절한다. 기술 전문가에게는 상세한 기술적 배경과 데이터를, 비즈니스 이해관계자에게는 기술이 어떤 사업적 가치를 만들어 내는지를 중심으로 보고한다. 이는 청중의 관심과 관점을 정확히 파악하고 그에 맞는 메시지를 전달해야 하므로 깊은 이해와 인사이트, 사고력, 현명함이 필요한 고난도 작업이다. 단순한 정보 전달로는 결코 실현할 수 없는 보고 방식이다.

5. 넷플릭스의 투명성 – 자유와 책임으로 무장된 보고를 하라

넷플릭스 조직은 직원들에게 높은 자율성을 부여하고 강한 책임감을 요구하는 강한 성과 중심 문화로 유명합니다. 예를 들어 별도의 출근 시간 규정과 휴가 등에 대한 엄격한 규정이 없이 직원 스스로 알아서 운영하도록 합니다. 최소한의 규율을 적용하고 각 부서는 높은 자율성을 가지고 의사 결정을 하여 자체적으로 운영을 하되 그 책임도 함께 져야 합니다. 직원들은 성과를 기준으로 평가받으며, 성과가 낮은 직원은 빠르게 교체됩니다. 한국의 많은 스타트업 기업도 성과 중심의 문화를 위해 넷플릭스와 같은 높은 자율성을 조직 운영에 적극 반영하고 있습니다. 하지만 넷플릭스도 이런 높은 자율성 환경에서 구성원들이 따로 또 같이 조직의 목표를 향해 움직이려면 그들만의 엄격한 규칙이 없이는 불가능합니다.

그중 하나가 문서 기반 보고입니다. 모든 중요한 의사 결정을 내릴 때 내부 규칙에 기반한 문서화된 포맷에 정보를 정리하고 구성원들과 공유하는 것입니다. 이런 방식은 같은 정보가 다르게 해석되거나 퇴색되지 않고 일관성을 유지하도록 도와줍니다. 이를 통해 넷플릭스는 투명한 정보 공유를 기업 문화의 핵심으로 삼고 있습니다. 누구든지 다양한 정보에 쉽게 접근하고 이를 통해 서로 협업을 촉진합니다. 언제든지 모든 구성원들이 회사의 성과, 재무 정보 또는 전략 등을 투명하게 공유받고 이에 맞춰 자신의 업무를 조정하고 일할 수 있게 합니다.

다른 하나는 조직 내 불필요한 보고 절차를 최소화하고, 구성원 개개인이 빠르게 의사 결정을 하고 투명하게 보고하는 것입니다. CEO와 임원진도 모든 구성원에게 주요 경영 사항을 직접 보고합니다. 빠른 의사 결정과 보고는 실행을 촉진하고 실패를 다시 학습의 기회로 전환시킵니다.

소크라테스 보고법
: 완벽한 보고의 정석

글로벌 리딩 컴퍼니들과 유명 CEO들의 보고 방식에는 놀라운 공통점이 있습니다. 바로 고전 철학에 깊은 뿌리를 두고 있다는 점입니다. 기술이 폭발적으로 발전하고 AI가 보고를 대신하는 시대가 된다고 하지만, 아이러니하게도 지금은 과거보다 인공지능이 아닌 '인간 지능'이 더욱 중요해졌습니다. 우리는 바로 그 '지금'을 살아가고 있습니다.

그렇다면, 시대를 초월해 경쟁력 있는 보고는 어디에서 비롯되는 것일까요? 대표적인 예로 저는 소크라테스식 대화법Socratic method을 꼽고 싶습니다. 업무 스타일과 커뮤니케이션 방식, 특히 보고에 있어서 저는 늘 소크라테스식 대화법에 의지해 왔습니다. 저와 함께 일해 본 동료라면 아마도 한 번쯤은 이 방식을 경험해 보았을 것입니다.

소크라테스식 대화법은 문제를 따지거나 떠넘기기 위한 방식이 아니라, 문제를 발견하고 해결로 이끄는 과정입니다. 그렇기 때문에 보고와 매우 깊은 관련이 있습니다. 보고란 단순히 정보를 전달하는 것을 넘어, 조직이 직면한 문제와 과제를 해결하기 위해 가장 적극적으로 움직이는 행위입니다. 보고를 통해 문제를 회피하거나 숨긴다면, 이는 조직이 적절한 시기에 마땅히 취해야 할 행동을 하지 않은 것이고, 그 결과는 우리가 너무나 잘 알고 있듯 기업의 위기로 이어질 수 있습니다.

죽음 직전에도
질문을 멈추지 않았던
소크라테스

소크라테스식 대화법은 철학자 소크라테스가 사용한 질문 중심의 대화 방식으로, 상대방이 스스로 사고하고 진리를 탐구하도록 돕는 접근입니다. 이 방식은 해답을 바로 주는 것이 아니라, 끊임없는 질문을 통해 스스로 생각하고 스스로 답을 찾게 만듭니다. 결국 그 핵심은 '무지의 자각'입니다. 소크라테스는 자신이 아는 것이 거의 없다는 사실에서 출발해, 상대방 역시 스스로의 무지를 자각하게 돕고자 했습니다. 그렇게 해서 더 깊은 진리에 가까이 다가가는 것, 그것이 바로 소크라테스의 방식이자 철학이었습니다.

결국 좋은 보고란 해답을 단정적으로 제시하는 것이 아니라, 조직이 스스로 해답에 도달하도록 질문을 던지고 방향을 이끄는 과정이어야 합니다. 문제 해결을 향한 사고, 그리고 본질을 묻는 질문이야말로 지금 우리가 보고에서 가장 먼저 되살려야 할 가치입니다. 소크라테스 대화법은 일반적으로 다음과 같은 단계를 따릅니다.

1. 질문 제기	특정한 주제나 개념에 대해 질문을 던진다. 예를 들어, "정의란 무엇인가?"와 같은 철학적 질문으로 대화를 시작할 수 있다.
2. 상대방의 답변	상대방은 자신의 생각을 바탕으로 답변을 제시한다. 이 답변은 그가 당연하게 여겨 왔던 믿음에 근거할 수 있다.
3. 추가 질문을 통한 논박	소크라테스는 상대방의 답변에 대한 문제점을 지적하는 질문을 던진다. 이를 통해 그 답변이 논리적 결함을 지니고 있음을 드러낸다.
4. 재검토	상대방은 자신의 답변에 대해 재검토하고, 새로운 관점에서 다시 생각하도록 유도된다. 이 과정이 반복되며 대화는 점점 깊어진다.
5. 지식 또는 무지의 자각	결국, 상대방은 자신의 원래 생각이 잘못되었거나 불완전하다는 것을 깨닫게 된다. 이를 통해 더 나은 이해나 새로운 지식에 도달할 수 있다.

소크라테스식 대화법이 완벽한 보고의 정석이라 불리는 이유는 무엇일까요? 보고의 핵심이 바로 무지의 자각, 다시 말해 '문제 인식의 출발점'에 있기 때문입니다. 보고는 단순한 정보 전달이 아니라, 지금 이 사안이 보고할 만큼 중요한가를 스스로 인식하는 것에서부터 시작해야 합니다. 하지만 현실에서는 생각보다 많은 구성원들이 보고를 위한 보고, 또는 의미 없는 이슈에 에너지를 쏟는 보고를 하고 있습니다. 그 이유는 명확합니다. 무지의 자각입니다. 즉 문제를 보는 눈이 부족했기 때문입니다.

예를 들어, 보고를 받은 사람이 "지금 보고하신 내용을 잘 이해하지 못했습니다" 또는 "무슨 주제로 보고하신 건가요?"라는 질문을 던졌다면, 이미 그 보고는 실패한 것입니다. 핵심을 인식하지 못한 채 준비한 보고는 상대에게도 핵심을 전달하지 못합니다. 이 개념은 보고에만 국한되지 않습니다. 조직에서 흔히 보는 회의의 풍경을 떠올려 보십시오. 회의를 하지 않아도 핵심 내용이 명확하다면, 바로 실행이나 의사 결정 단계로 넘어가는 것이 효율적입니다. 하지만 불필요한 회의를 열고, 이미 알고 있는 내용을 확인하는 데 한 시간 이상을 소모하는 경우가 빈번합니다. 회의를 했지만 왜 모였는지도 모르고 끝나는 경우, 이 역시 문제 자체에 대한 지각이 부재했기 때문에 발생하는 일입니다.

보고의 시작은 '문제의 본질'을 정확히 보는 눈을 갖는 것이며,

소크라테스식 대화법은 그 본질을 꿰뚫는 사고 훈련의 방식입니다. 그렇기에 '좋은 보고'를 위해서도 '좋은 질문'이 반드시 필요합니다.

스티브 잡스 보고법
: 본질만 남기는 단순화

21세기 가장 창의적인 인물로 애플의 스티브 잡스를 빼놓고 말할 수 없습니다. 그를 생각하면 누구나 청바지에 목까지 올라오는 검정 스웨터를 입고 프레젠터로서 청중 앞에 서 있는 모습을 떠올릴 겁니다. 그는 누구보다 보고를 잘하는 인물 중 한 명입니다. 그가 하는 프레젠테이션은 청중들에게 새로운 애플을 보고하는 것이었습니다. 즉, 스티브 잡스의 보고는 그의 철학 그리고 일하는 방식의 총체입니다.

그가 가장 잘했던 것 중 하나는 '단순화'였습니다. 17년간 스티브 잡스와 일하고, 책 《미친듯이 심플 Insanely Simple》을 쓴 켄 시걸도 잡스가 이룬 최대의 업적은 맥이나 아이폰 등의 제품이 아닌, 어느 누구도 생각하지 못한 단순함이라고 했습니다. 스티브 잡스도 많은 인터뷰에서 다음과 같은 말을 했습니다. "단순화 작업은 복잡함보다 더 어려울 수 있습니다. 단순하게 하려면 생각을 비우고 노력해야 합니다. 하지만 그럴 만한 가치가 충분히 있습니다. 단순함에 이르는 순간 산도 옮길 수 있습니다."

스티브 잡스의 철학에 많은 영향을 끼친 사람은 레오나르도 다빈치라고 알려져 있습니다. 우리가 모두 아는 다빈치는 예술가이자 과학자, 발명가, 해부학자 등 다양한 분야에 정통한 르네상스의 대표 인물입니다. 그의 작품과 노트를 살펴보면, 복잡한 사물 속에서 본질을 꿰뚫어 단순하게 표현하려는 태도가 일관되게 드러납니다. 스티브 잡스는 레오나르도 다빈치가 말했던 "단순성은 최고의 세련됨이다Simplicity is the ultimate sophistication"라는 명언을 그대로 애플 컴퓨터 디자인뿐만 아니라 광고 카피에 사용했을 정도로 다빈치 철학을 그의 경영에 반영하였습니다.

다빈치의 철학에서도 알 수 있듯이 복잡한 것을 단순화하고 본질을 찾는 것이 궁극의 '심플'의 정의입니다. 스티브 잡스의 보고도 복잡한 문제를 단순화하고 본질을 찾아 최적화 상태로 만드는 것입니다. 그의 보고는 간단명료하고 감성적입니다. 보고는 사람과 사람의 대면에서 이루어집니다. 많은 변수들이 개입하고 변수들의 통제가 자유롭지 못합니다. 이런 상황에서 보고를 하려면 강한 임팩트가 있어야 합니다. 보고를 받는 상대가 나에게 최대한 집중해야 합니다. 스티브 잡스는 그 임팩트를 최대한의 간결함과 감성적 터치로 이뤄냈습니다.

스티브 잡스식 보고, 어떻게 가능할까?

"단순함은 궁극의 세련됨이다"라는 말처럼, 스티브 잡스는 복잡한 기술과 정보를 누구나 이해할 수 있도록 단순하게 정리해 전달하는 데 탁월했습니다. 직장에서도 이처럼 간결하고 명료한 보고가 가능할까요? 가능합니다. 단, '단순하게' 보고하려면 그만큼 철저한 준비와 깊이 있는 분석이 선행되어야 합니다.

예를 들어, 내년도 직원 역량 교육 프로그램을 상사에게 보고해야 한다고 가정해 봅시다. 이때 단순한 교육 계획안 수준의 보고로 끝나지 않으려면, 다음과 같은 단계가 필요합니다.

우선 올해 진행된 교육 프로그램 전반을 분석해야 합니다. 단순히 프로그램 이름과 참석 인원수, 만족도 등 결과 수치를 나열하는 데 그치지 않고, 교육이 실제로 어떤 변화와 성과를 가져왔는지, 조직의 니즈와 얼마나 맞아떨어졌는지를 깊이 들여다봐야 합니다.

그다음은 올해 교육의 핵심을 요약하고, 이를 내년도 사업 방향과 연결 지어 보는 과정이 필요합니다. 올해 교육이 추구한 방향과 내년 조직의 전략적 목표 사이에 어떤 간극이 존재하는지를 파악하는 것입니다. 이 간극이 바로 우리가 준비해야 할 변화의 영역이며, 다음 해 교육의 방향성을 잡아 주는 핵심 단서가 됩니다.

이러한 분석을 바탕으로 최종적으로 내년도 교육 프로그램의 테마(주제)를 도출하는 것이 단순화의 완성입니다. 다시 말해, '교육'이라는 수많은 가능성과 선택지 중에서 조직이 반드시 집중해야 할 키워드를 하나의 문장 혹은 단일 메시지로 정리해 내는 것입니다.

이 단순화 과정이 누락되거나 미흡하면 어떤 결과가 발생할까요? 교육 주제가 제각각 흩어지고, 서로 연계되지 않은 중구난방식 프로그램이 나열되는 경우가 많습니다. 그러다 보면 교육에 많은 예산을 투입하고도 "정작 효과가 없다"는 평가가 나오게 됩니다.

실제로 많은 조직에서 "돈은 썼는데 교육 효과가 체감되지 않는다"는 피드백이 나오는 배경을 살펴보면, 대부분 단순화 작업, 즉 교육의 본질을 꿰뚫고 통합하는 과정이 부족했기 때문입니다. 그 결과 교육을 제공하는 부서도, 교육을 받은 구성원도 모두 불만족스러운 결과에 직면하게 됩니다.

결국 스티브 잡스식 보고가 조직 내에서도 가능하다는 말은, 복잡한 현실을 있는 그대로 나열하지 않고, 그 속에서 **본질을 추출하고 통합하여 하나의 명확한 메시지로 정리하는 능력**을 갖추는 것을 뜻합니다. 단순함은 결코 가벼운 것이 아닙니다. 오히려 가장 깊이 있는 이해에서 시작되는, 가장 강력한 보고 전략입니다.

구두 보고의 시작
: 사전 질문

어떤 보고든 쉬운 보고는 없습니다. 하지만 가장 자주 하게 되는 보고는 단연 구두 보고입니다. 그만큼 반복적으로 이루어지기 때문에 자연스럽게 훈련이 되어 문서 보고보다 오히려 더 능숙하게 이루어지는 경우도 많습니다. 구두 보고는 단방향 전달이 아닌 질문을 통한 상호 작용 속에서 진행됩니다. 이때, 사전 질문은 매우 중요한 보고의 출발점이 됩니다. 어떤 관점에서 보고를 준비해야 하는지, 상사가 기대하는 방향이 무엇인지 파악하는 데 필수적인 역할을 하기 때문입니다.

구두 보고가 명확히 필요한 사안이라면 미리 어떤 질문을 준비해야 할지 비교적 쉽게 알 수 있습니다. 하지만 어려운 점은, 어떤 사안이 보고할 만큼 중요한지 아닌지 애매할 때입니다. 이럴 때는 상사에게 사전 질문을 던져야 하는데, 막상 하려면 "혹시 괜히 사소한 걸

묻는 건 아닐까?"하고 망설이게 됩니다.

핵심은 상사의 시간을 존중하면서도 짧은 질문 안에 필요한 힌트를 얻는 것입니다. 그래서 사전 질문은 단순히 "이걸 보고드려야 할까요?"가 아니라, ① 상황을 간단히 요약하고, ② 어디에서 판단이 필요한지 포인트를 짚은 뒤, ③ 상사의 선호나 판단 기준을 묻는 방식으로 해야 합니다.

- "이 사안이 보고드릴 만큼의 이슈인지 판단이 조금 애매해서요. 간단히 말씀드려도 될까요?"
  → 핵심만 간단히 공유하며 상사가 판단하도록 유도하는 접근.
- "현재 이런 상황이 발생했는데, 이 정도 이슈는 별도로 보고드리는 게 좋을지 궁금합니다. 혹시 비슷한 케이스에 대해 선호하시는 방식이 있으실까요?"
  → 상사의 스타일이나 기준을 묻는 자연스러운 방식.
- "혹시 이건 진행 상황만 간단히 공유드리는 정도로 충분할까요, 아니면 별도 정리해서 보고드리는 게 좋을까요?"
  → 보고의 수준(간단 공유 vs 정리된 보고)을 구분해서 묻는 방식.
- "작은 이슈일 수는 있지만, 영향 범위를 고려하면 판단이 필요한 사안 같아서요. 보고드리는 게 맞을지 잠깐 의견 여쭤봐도 될까요?"
  → 자신의 판단 근거를 제시하고 상사의 의견을 구하는 신중한 접근.

- "지금 상황에서 다음 액션을 결정하기 전에 방향성을 여쭙고 싶어서요. 간단히 사전 의견을 구해도 괜찮을까요?"

  → 보고 목적을 '결정 지원'으로 명확히 하며 상사를 설득하는 표현.

이처럼 '판단이 필요하다'는 사실을 투명하게 드러내고, 상사의 시간과 스타일을 고려한 질문은 오히려 신뢰를 얻고 일머리를 인정받는 좋은 기회가 됩니다. 구두 보고는 대면으로 이루어지는 만큼, 조직 구조상 직급에 따라 상황에 맞는 사전 질문을 적절히 활용하는 것이 중요합니다. 하지만 실제로는 이러한 질문을 자연스럽게 던지는 것이 쉽지 않습니다. 이에 따라 직급별로 활용할 수 있는 사전 질문 예시를 다음과 같이 정리해 보고자 합니다.

- 사원 → 팀장/과장에게

  "팀장님, 지금 이 건은 진행 중인데요, 이 정도 상황이면 따로 보고를 드리는 게 좋을지 판단이 잘 안 서서요. 간단히 여쭤봐도 괜찮을까요?"

  "혹시 이 사안은 진행 내용만 공유드리는 정도로 충분할까요, 아니면 별도 보고로 정리하는 게 좋을까요?"

- 대리 → 차장/부장에게

  "이 건은 리스크는 작지만 고객 쪽에 영향이 조금 있을 수 있어 판단이 애매합니다. 보고드릴 필요가 있을지 한번 여쭤보고 진행하려고 합니다."

"비슷한 건에 대해 부장님께서 예전에 따로 보고를 받으신 적이 있어서요, 이번에도 공유를 드리는 게 맞을지 의견 주시면 그에 맞춰 준비하겠습니다."

- 과장 → 부장/임원에게

"이번 이슈는 범위는 제한적이지만 후속 작업에 영향이 생길 수 있어서요. 보고로 다루는 게 좋을지 아니면 간단한 공유로 충분할지 판단 주시면 감사하겠습니다."

"전반적으로는 큰 이슈는 아니지만, 의사 결정이 필요한 지점이 있어 간단히라도 상의드리고 방향을 정하는 게 좋을 것 같습니다. 시간 괜찮으실 때 잠깐 여쭤봐도 될까요?"

팁! 말끝을 부드럽게 처리하면 상사가 부담 없이 판단할 수 있습니다.

- "간단히 말씀드려도 될까요?"
- "잠깐 방향만 여쭤보고 싶습니다."
- "필요하시면 정리해서 다시 보고드리겠습니다."

성장을 이끄는
리더의 피드백 기술

보고는 일반적으로 보고를 하는 사람에서 받는 사람으로 향하는 일방적인 흐름으로 인식되기 쉽습니다. 그래서 보고의 말이 보고자에게만 중요한 것으로 여겨질 수 있습니다. 하지만 리더가 보고를 받은 후 어떤 피드백을 주느냐에 따라 보고의 완성도가 결정됩니다. 즉, 보고를 받는 사람의 말 또한 보고를 완결하는 데 있어 매우 중요한 요소입니다.

특히 불완전한 보고를 받았을 때, 직접적으로 "이 보고는 부족하다"라고 지적하기보다는, 상대가 스스로 부족한 점을 인식하도록 유도하는 질문이 훨씬 효과적입니다. 이는 '실수를 지적하는 것'이 아니라 '사고를 깊게 만드는 리더십의 기술'입니다.

- "이 보고를 들은 제가 무엇을 결정해야 하는 걸까요?"

→ 보고의 목적과 방향이 없을 때, 스스로 정리가 안 되어 있다는 걸 인식시킨다.

- "혹시 이 내용이 지금 시점에서 왜 중요한지 다시 설명해 줄 수 있을까요?"

  → 핵심성과 타이밍을 놓친 경우, 스스로 흐름을 점검하게 한다.

- "지금 이 보고에서 빠져 있는 건 뭐라고 생각하세요?"

  → 누락된 정보나 해석이 부족하다는 점을 스스로 인지하도록 유도한다.

- "혹시 이 보고서를 읽는 다른 사람이 이해하려면, 어떤 정보가 더 필요할까요?"

  → 타인의 시선으로 생각하게 하여 관점을 전환시킨다.

- "이 보고에서 본인이 가장 확신 없는 부분은 어디였어요?"

  → 모호하거나 자신 없는 부분을 스스로 점검하게 한다.

- "결론이 이 방향이라면, 반대되는 시각에서 봤을 때 어떤 논점이 빠져 있나요?"

  → 보고가 일방적이거나 근거가 약할 때 통찰을 유도하는 방식이다.

이러한 질문을 통해 상대는 단순히 '혼났다'는 감정이 아니라 '스스로 생각하고 성장했다'는 경험을 하게 됩니다. 그리고 그 이후 보고는 훨씬 깊이 있고 명확해집니다.

모든 보고에 인사이트를 담아라!

상사, 동료, 또는 클라이언트가 보고를 요청한다면, 그것이 단순한 상황 보고일지라도 자신의 생각, 즉 인사이트를 반드시 담아야 합니다. 보고는 단순한 정보 전달이 아니라, 의사 결정의 출발점이기 때문입니다.

아무리 객관적인 데이터나 검증된 사업성이 확보되어 있어도, 최종적인 결정은 결국 사람이 합니다. 그렇기에 보고자가 단순히 '무슨 일이 있었는지'만 말하는 것이 아니라, '이 상황에서 나는 어떻게 생각하는지'를 함께 제시하는 것이 중요합니다. <u>보고를 요청받았다는 것은 단순한 팩트만이 아니라, 당신의 해석과 의견을 듣고 싶다는 의미입니다.</u>

조직에서 '일 잘하는 사람들'의 공통점은 명확합니다. 그들은 자신이 하는 모든 보고에 인사이트를 담습니다. 단순히 주어진 데이터를 정리하는 것이 아니라 상황의 흐름과 맥락, 그리고 보이지 않는 외부 변수까지 고려해 자신만의 해석과 판단을 함께 전달합니다. 그리고 시간이 흐르면서, 그 인사이트의 정확도와 적중률이 높아지면 그들은 자연스럽게 조직에서 핵심 인재로 자리 잡게 됩니다. 저는 인턴들에게도 항상 이렇게 말합니다.

> "작은 보고일수록 당신의 의견을 꼭 담으세요. 단순한 전달자가 아니라, 생각하는 일원이 되세요."

가끔 인턴을 맡은 매니저 분들이 이렇게 말합니다.
"인턴이야 아직 생각이 없죠. 그냥 단순 업무 도움만 받고 있어요."
저는 이 말을 들을 때마다 반드시 강조합니다.
"인턴도 조직의 일원입니다. 맡은 업무가 크든 작든 그 속에는 열정, 에너지, 그리고 반드시 '생각'이 담겨야 합니다."

많은 사람들이 보고를 '윗사람이 시킨 일을 정리해서 올리는 절차' 정도로 오해합니다. 하지만 보고는 단순히 지시를 따르는 행위가 아니라, 함께 판단하고 방향을 만들어 가는 능동적인 커뮤니케이션입니다. 그렇기 때문에 보고 안에는 반드시 보고자의 생각이 담겨 있어야 합니다.

생각 없는 보고는 '메신저 전달'과 다르지 않습니다. 예를 들어, 상사가 "이번 달 매출 상황 보고해 주세요"라고 했을 때, 단순히 숫자만 나열하는 보고는 의미가 없습니다.

> "이번 달 매출은 10억 원입니다. 끝."

이건 정보 전달이지 보고가 아닙니다. 그런데 여기에 보고자의 생각이 들어가면 보고는 전혀 다른 힘을 갖습니다.

> "이번 달 매출은 10억 원입니다. 지난달 대비 15% 감소했는데, 그 이유는 온라인 채널 광고 집행이 늦어졌기 때문입니다. 다음 달에는 집행 시점을 앞당기면 회복될 것으로 보입니다."

이 짧은 차이가 상사에게는 큰 의미가 있습니다. 단순한 정보는 '그럼 어쩌란 말이지?'라는 질문을 남기지만, 생각이 담긴 보고는 이미 문제와 원인, 그리고 해결의 실마리를 제시합니다.

상사 입장에서는 바로 의사 결정을 할 수 있고, 보고자는 "일을 단순히 시킨 대로만 하는 사람이 아니라, 스스로 사고하고 방향을 제시하는 사람"으로 평가받습니다. 인턴 역시 마찬가지입니다. 아무리 단순해 보이는 업무라도 그 속에 자신의 생각을 담아낼 수 있습니다. 예를 들어, 단순히 고객 데이터를 엑셀에 입력하는 업무를 맡았다면 이렇게 접근할 수 있습니다.

> "이번 주 데이터 입력을 하면서 고객 연령대 분포를 보니, 20대 후반 여성 비율이 가장 높았습니다. 향후 마케팅 타깃 설정에 참고될 수 있을 것 같습니다."

똑같은 일을 했는데, 하나는 단순 입력이고, 다른 하나는 '조직이 참고할 만한 인사이트를 주는 보고'가 됩니다. 이 차이가 바로 생각을 담은 보고입니다. 보고자는 '지시를 받은 실행자'가 아니라, '같이 일하는 동료이자 판단의 파트너'여야 합니다. 보고는 상사에게 "제가 시킨 대로 했습니다"를 보여 주는 것이 아니라, "저는 이렇게 이해했고, 이렇게 판단했습니다. 그래서 이런 방향을 제안합니다"라는 메시지를 담는 과정이어야 합니다.

결국 보고에 생각을 담는 이유는 간단합니다. 보고가 곧 나의 일하는 방식이기 때문입니다. 생각이 없는 보고는 곧 생각 없이 일했다는 증거가 되고, 생각이 담긴 보고는 곧 '일을 주도적으로 하고 있다'는 증명이 됩니다.

초등학생도 이해하게 보고하라

보고할 때 흔히 저지르는 실수 중 하나는, 실무자만 알아들을 수 있는 전문 용어나 약어를 남용하는 것입니다. 하지만 보고는 특정 부서나 직무에만 국한되지 않습니다. 다양한 배경을 가진 사람들과의 '공통 언어'를 만드는 과정입니다.

"단순함이 최고의 정교함"이라는 말이 있습니다. 보고 역시 마찬가지입니다. 누구나 이해할 수 있도록 쉽고 명확하게 설명하는 것이 가장 뛰어난 보고입니다. 이를 위해서는 보고 준비 단계부터 상대방의 이해 수준을 고려한 세심한 설계가 필요합니다.

예를 들어, 영어로 보고하지 않는데도 조사만 빼고 불필요하게 영어 단어를 섞는다거나, 지나치게 약어를 사용하는 것은 오히려 이해를 방해할 수 있습니다. 말의 속도가 너무 빠르거나 지나치게 느릴 경우에도 집중력을 떨어뜨릴 수 있습니다.

보고의 핵심 목적 중 하나는 설득입니다. 하지만 설득은 상대를 억지로 끌고 가는 것이 아니라, 먼저 이해하게 만드는 데서 출발합니다. 이해를 시킨다는 것은 내가 머릿속에 그리고 있는 생각의 지도와 구조를 그대로 보여 주는 것과 같습니다. 지도는 길을 안내해 주는 도구입니다. 그런데 만약 그 지도를 나만의 언어로만 설명한다면 어떻게 될까요? 같은 지도를 보고도 상대는 전혀 다른 길로 가 버릴 수 있습니다. 결국 같은 말을 했는데도 다른 결론에 도달하는 상황이 생기는 것입니다.

보고는 말을 화려하게 잘하는 기술이 아닙니다. 보고의 본질은 상대가 '같은 방향'을 보게 만드는 기술입니다. 그렇기에 보고는 언제나 명료하고 간결해야 합니다. 흔히 "초등학생도 이해할 수 있을 만큼 쉽게 설명하라"는 말이 나오는 이유가 바로 여기에 있습니다. 쉽게 한다는 것은 수준을 낮추는 것이 아니라, 핵심을 드러내는 일입니다. 복잡한 이야기를 한 줄로 정리해 주는 힘, 그것이 바로 쉬운 보고입니다. 예를 들어 보겠습니다. 한 팀장이 신사업 제안을 보고할 때 이렇게 말한다고 해 봅시다.

- 어려운 보고:

"이번 프로젝트는 빅데이터 기반의 소비자 행태 분석 알고리즘을 활용하여 다차원적 인사이트를 도출하고, 이를 통해 차세대 고객 경험 혁신을 구현하고자 합니다."

듣는 순간, 많은 임원들은 속으로 이렇게 생각할 겁니다. '무슨 말인지 알 것 같기도 한데… 결국 우리 회사가 뭘 하겠다는 거지?'

• 쉬운 보고:

"이번 프로젝트는 '고객이 원하는 걸 더 빨리 찾을 수 있는 시스템'을 만드는 일입니다."

이렇게 표현하면 듣는 사람은 단번에 이해합니다. 그다음 단계에서 구체적인 기술과 실행 방안을 설명해도 늦지 않습니다. 또 다른 사례로, 외국계 기업 CEO에게 한국 시장 마케팅 전략을 보고하는 장면을 떠올려 봅시다.

• 어려운 보고:

"한국 시장은 인구 구조 변화와 디지털 소비 행태의 다변화로 인해 기존 세그먼트 중심 전략은 한계에 봉착했으며, 우리는 옴니 채널 통합을 통한 브랜드 경험 최적화에 집중할 필요가 있습니다."

• 쉬운 보고:

"한국 시장에서는 더 이상 나이·성별 같은 기준으로 고객을 나눌 수 없습니다. 대신 '어떤 상황에서, 어떤 순간에 우리 브랜드를 선택하느냐'가 중요합니다. 그래서 우리는 모든 채널에서 경험을 하나로 연결하려 합니다."

같은 내용을 담고 있지만, 전자는 어렵고 후자는 누구나 바로 그림을 그릴 수 있습니다. 쉽게 보고한다는 것은 결국 판단에 필요한 본질만 보여 주는 것입니다. 복잡한 수학 문제를 풀 때, 전체 과정을 다 읊는 것이 아니라 결론에 필요한 핵심 공식을 보여 주는 것과 같습니다. 혹은, 길을 물었을 때 지하철 노선도를 전부 외워서 설명하는 것이 아니라, "이 역에서 두 정거장만 가면 됩니다"라고 알려 주는 것과 같습니다.

좋은 보고자는 전문적인 내용을 그대로 옮겨 담는 사람이 아니라, 전문적인 내용을 '상대가 이해할 수 있는 언어'로 번역하는 사람입니다. 초등학생도 이해할 수 있게 명료하게 설명한다는 것은, 경영진도 불필요하게 시간을 낭비하지 않고 곧바로 결정을 내릴 수 있도록 도와준다는 뜻입니다. 이것이야말로 쉬운 보고의 진짜 의미이자, 보고를 통해 설득으로 이어지는 가장 강력한 방법입니다.

두괄식으로
보고하지 마라

보고라고 하면 많은 직장인들이 대표 공식처럼 떠올리는 것이 바로 '두괄식 보고'입니다. 결론을 먼저 제시하는 두괄식 보고는 보고의 목적과 핵심을 즉시 전달해 의사 결정자가 빠르게 판단할 수 있도록 돕습니다. 변화와 속도가 중요한 현대 사회에서는 바쁜 경영진이나 리더에게 매우 효율적인 보고 방식으로 인식되고 있습니다.

뿐만 아니라 두괄식 보고는 실행력을 강화하는 데도 효과적입니다. 핵심 내용을 먼저 전달하면, 상대방은 즉시 이해하고 빠르게 실행에 옮길 수 있기 때문입니다. 이런 장점들 덕분에 두괄식 보고는 오랜 시간 '보고의 정석'처럼 여겨져 왔습니다. 하지만 여기서 한 가지 질문을 던져야 합니다. <u>모든 보고가 두괄식이어야만 할까요?</u>

두괄식 보고는 보고 대상자에게 배경지식이 충분히 있을 때, 즉 구조가 명확하고 반복되는 업무일 때 가장 큰 효과를 발휘합니다. 예를 들어, 분기별 실적 보고나 사고 발생 직후의 신속한 대응 보고에는 매우 적합합니다.

그러나 두괄식 보고에는 함정도 존재합니다. 결론을 먼저 제시하는 구조는 보고 대상자가 사전 정보가 부족할 경우, 배경과 맥락을 충분히 이해하지 못한 채 오판을 유도할 수 있습니다. 특히 신규 사업처럼 복잡하고 다양한 변수를 고려해야 하는 경우에는 단편적인 결론이 오히려 신뢰를 해칠 수 있습니다. 왜냐하면 두괄식은 단순한 보고의 형식이 아니라, 사고의 형식이기 때문입니다. 논리적 흐름 없이 결론만을 앞세우는 보고는 자칫 성급하거나 피상적으로 보일 수 있습니다.

지금은 미괄식 보고가 필요하다

우리는 지금 생성형 AI가 몇 초 안에 수많은 정보를 정리하고 결론을 제시해 주는 시대에 살고 있습니다. 하지만 비즈니스 문제는 단순한 연산처럼 풀 수 있는 것이 아닙니다. 문제 해결을 위한 과정과 맥락, 다양한 이해관계와 변수들이 얽혀 있기 때문에 미괄식 사고와 미괄식 보고가 더욱 중요해지고 있습니다.

미괄식 보고란 배경, 원인, 분석 과정을 차근차근 설명한 후 마지막에 결론을 제시하는 방식입니다. 보고 대상자는 설명의 흐름을 따라가며 자연스럽게 맥락을 이해하게 되고, 보고자의 결론에 더 깊이 공감하게 됩니다. 특히 다음과 같은 경우에 미괄식 보고는 매우 효과적입니다.

- 복잡한 이해관계가 얽힌 프로젝트 제안
- 고비용/고위험이 수반되는 의사 결정
- 신규 사업의 시장성 평가
- 정책 또는 방향성에 대한 변화 제안

<u>보고의 목적이 단순한 전달이 아니라 설득이라면, 미괄식은 최고의 형식입니다.</u> 근거 → 논리 → 결론의 순서를 따라가면서, 보고 받는 사람은 스스로 결론을 예측하게 되고 보고에 더 몰입하게 됩니다. 그 결과, 그 자리에서 상사와 함께 최적의 결론을 도출하게 되는 보고가 가능해지며, 이후 반복적인 수정 보고도 줄어들게 됩니다.

보고 형식에 유연함이 필요한 시대

많은 직장인들이 보고의 어려움으로 "보고했는데 또 보고해야 한다"는 말을 합니다. 이는 보고의 '방식'이 문제였을 가능성이 큽니다. 지금 우리를 둘러싼 환경은 빠르게 변하고 있고, 조직은 점점 더 다변화된 방식으로 운영되고 있습니다. 이런 시대에 여전히 "무조건 두괄식 보고가 정답이다"라는 고정 관념에 갇혀 있어도 될까요?

이제는 보고 형식에도 전략과 유연성이 필요합니다. 보고의 핵심은 정보를 '어떻게' 전달할 것인가가 아니라, 상대방이 '왜' 그 결론에 동의해야 하는지에 대한 설득 전략입니다. 지금 우리는, 일의 언어인 보고의 형식을 고민해야 할 때입니다.

결론을 만드는 보고의 기술

보고를 멀리서 보면 단순한 일방향 의사소통처럼 보일 수 있습니다. 하지만 실제로 가까이 들여다보면, 보고는 명백한 양방향 의사소통입니다. 보고는 단순히 정보를 전달하는 행위가 아니라, **의사 결정을 위해 결론을 함께 만들어 가는 과정**입니다. 보고자는 상사가 어떤 판단을 내려야 하는지를 이해하고, 그 결정을 도울 수 있는 정보를 선별해 구조화하며, 최종적으로 설득력 있는 결론을 제시해야 합니다. 보고의 목적은 정보를 나열하는 것이 아니라, 결론에 도달하게 하는 것입니다. 그래서 보고의 기술은 '어떻게 말하느냐'보다 '어떤 결론을 이끌어 내느냐'에 달려 있습니다.

예를 들어, A 대리는 새로운 마케팅 캠페인의 효과 분석을 보고해야 했습니다. 그는 수많은 수치를 정리하고, 다양한 채널별 퍼포먼스를 표와 그래프로 시각화해 정성껏 자료를 준비했습니다. 하지만 보고를 받은 상사는 이렇게 말했습니다.

> "그래서 이번 캠페인은 성공이라는 건가요, 실패라는 건가요? 다음에 뭘 하자는 거죠?"

A 대리는 "자료를 보시면 판단하실 수 있을 것 같아서…"라고 답했지만, 상사는 고개를 저었습니다. 이 보고는 '정보 전달'은 있었지만 '결론'이 없었습니다. 상사는 '판단'이 필요했고, A 대리는 '판단의 기준'과 '판단 자체'를 제시하지 못한 것입니다. 반면 B 대리는 같은 캠페인을 보고하면서 이렇게 시작했습니다.

> "이번 캠페인은 비용 대비 도달률은 기대치를 초과했지만, 전환율은 목표에 크게 못 미쳤습니다. 따라서 성과는 절반의 성공이며, 다음 캠페인에서는 타깃 세분화를 강화해 전환율을 높이는 전략이 필요합니다."

상사는 고개를 끄덕이며 말했습니다.

> "좋아요. 타깃 세그먼트* 제안 안도 다음 주까지 정리해 주세요."

---

* 타깃 세그먼트(Target segment)는 특정 고객 그룹을 뜻합니다. 다음 캠페인에서는 어떤 고객군을 목표로 삼을지, 그 구체적인 대상들을 어떻게 나누고 공략할지 고민해 달라는 요청입니다.

이처럼 보고의 핵심은 데이터를 나열하는 것이 아니라, 그 데이터를 통해 상사가 어떤 결론에 도달해야 하는지를 설계하는 것입니다. 보고의 기술은 곧 '결론을 만들어 주는 기술'입니다.

본 보고보다
더 중요한 것

일반적으로 보고는 사전 보고 → 중간보고 → 본 보고의 순서로 진행됩니다. 물론 보고 주제나 상황에 따라 이 중 일부 단계를 생략할 수 있습니다. 예를 들어, 정기적으로 제출하는 분기 실적 보고서의 경우 사전 보고 없이 중간보고 이후 바로 본 보고로 이어지는 것이 일반적입니다. 이미 회사 템플릿에 따라 작성된 보고서라 하더라도, 중간보고를 통해 이번 분기의 특징이나 본 보고에서 전달될 핵심 메시지를 미리 헤즈업*해 두는 것이 좋습니다.

반면, 사전 보고가 반드시 필요한 경우도 있습니다. 예를 들어 신규 사업의 시장성 검토나 예산 삭감·증액과 관련된 보고는 보고 요청의 배경과 상사의 니즈를 정확히 이해하는 것이 핵심이므로, 사

* 헤즈업(Heads-up)은 사전에 주요 내용을 미리 안내해 주거나 주의를 준다는 뜻입니다.

전 보고는 필수입니다. 하지만 변하지 않는 원칙은 하나입니다. 절대 '한 번에 본 보고로 가면 안 된다'는 것입니다.

혹시 야근과 주말 근무까지 하며 공들여 작성한 보고서를 제출했음에도, 상사로부터 부정적인 피드백을 넘어서 불호령까지 들은 경험이 있다면 바로 이 지점을 놓친 것입니다. 보고 경험이 많은 구성원조차도 보고에 대한 두려움 때문에 사전 보고나 중간보고의 타이밍을 놓치는 경우가 종종 있습니다. 반드시 해야 한다는 것을 알면서도 주저하거나 미루다 보면, 결국 본 보고의 임팩트가 줄어들게 됩니다.

흔히 나타나는 또 다른 실수는 보고자가 주제에 대해 상사보다 더 잘 알고 있다고 자만하는 경우입니다. 스스로 전문성이 높다고 생각해 상사에게 확인할 필요가 없다고 판단하고, 결국 사전 보고 과정을 생략한 채 곧장 본 보고로 들어가는 것입니다. 이는 자신감이 만들어 낸 전형적인 보고의 함정입니다.

사전 보고 없이는
성공적인 보고도 없다

일의 언어 중에 가장 중요한 것을 꼽으라면 저는 사전 보고라고 말합니다. 사전 보고는 단지 보고의 단계 중 하나가 아닙니다. 최종 보고의 성공을 위한 전략입니다. 사전 보고 없이 본 보고를 하는 것은, 맹목적으로 발표를 하는 것이나 다름없습니다. 하지만 실제 조직에서는 의외로 많은 사람들이 사전 보고를 생략합니다. 그 이유는 다양합니다. "팀장님이 너무 바쁘셔서요." "이미 상사도 잘 아는 내용이라 굳이 말씀드릴 필요 없을 것 같아서요." 하지만 그 이면에는 보고에 대한 두려움과 불안, 그리고 혼자서 해내고 싶은 책임감이 숨겨져 있기도 합니다.

사전 보고를 놓친 K 과장의 사례
K 과장은 평소 보고 마감 시간에 맞춰 빠듯하게 자료를 제출하는 스

타일이었습니다. 어느 날, A 이사는 갑작스럽게 K 과장에게 하반기 세일즈 예측 보고를 요청합니다. 하지만 K 과장은 데이터를 기다려야 정확한 예측이 가능하다는 이유로 보고를 미루고, 사전 소통 없이 '정확한 수치'가 나오기만을 기다리고 있었습니다. 결국 A 이사는 실망감을 드러내며, 다음부터는 다른 사람에게 보고를 맡겨야겠다는 의사를 내비칩니다.

이 사례에서 K 과장의 가장 큰 실수는 무엇일까요? 바로 사전 보고를 주체적으로 하지 않은 것입니다. 만약 K 과장이 먼저 다음과 같이 사전 보고를 했다면 결과는 달라졌을 것입니다.

> "이사님, 정확한 데이터는 분기 마감 후 가능하지만, 현재 보유한 수치를 바탕으로 추정치를 분석해 EOD*까지 보고드리겠습니다. 더 빠르게 필요하시면 조율하겠습니다."

결과적으로 이 한 줄의 커뮤니케이션이 K 과장에게 주도성과 신뢰를 안겨 줬을 것입니다.

사전 보고의 핵심은 '매칭 기술'

사전 보고의 핵심은 단순한 전달이 아니라, 매칭 기술입니다. 보고를

---

* EOD(End of Day)는 '오늘까지', 즉 '오늘의 업무 종료 시각까지'라는 뜻으로 사용합니다.

요청한 사람의 니즈와 내가 가진 정보(경험, 지식, 관찰, 데이터)를 정확하게 연결해 주는 것입니다. 매칭 기술이 뛰어난 사람은 자신이 무엇을 알고 있고, 무엇을 모르는지를 명확히 인지합니다. 이런 사람은 빠르게 분석하고 상대의 기대에 부합하는 방향을 제시합니다. 사전 보고에서 매칭 기술을 잘 보여 주는 예시를 살펴보겠습니다.

> **예) 마케팅 캠페인 성과 중간 점검 보고**
>
> 마케팅팀의 대리인인 김 대리는 이번 분기 캠페인의 중간 성과를 팀장에게 사전 보고해야 한다. 팀장은 '이번 캠페인이 매출에 어떤 영향을 주고 있는지'에 관심이 많다는 걸 이미 여러 차례 언급한 바 있다.

① 잘못된 사전 보고 예시(매칭 기술 부족)

"이번 캠페인 클릭률은 3.2%로 지난 분기 대비 1.1%포인트 증가했습니다. 영상 조회수도 25만 회를 넘었습니다. 인스타그램 반응도 좋아서 긍정 댓글이 500개 넘게 달렸습니다."

→ 팀장이 원하는 매출 기여에 대한 내용은 없고, 단순 수치 나열만 있음. 니즈와의 매칭 실패.

② 매칭 기술이 뛰어난 사전 보고 예시

"팀장님, 요청하신 캠페인의 매출 기여도 관련 내용 먼저 공유드리겠습니다. 이번 캠페인 기간 중 프로모션 제품의 매출이 전월 대비 18% 증가했고, 이 중 12%가 캠페인 랜딩페이지 유입으로 분석됩니다. 참고로 클릭률은 3.2%, 영상 조회수는 25만 회로 긍정적인 반응을 보이고 있지만, 현재로선 직접 매출 연관성이 있는 지표에 집중해 보고 있습니다."
→ 팀장이 중요하게 여기는 매출 기여 정보부터 전달하고, 관련 데이터만 선별해 정리함. 보고자의 정보와 리더의 니즈 간의 정확한 매칭 성공.

매칭 기술을 향상시키기 위해서는 단순한 말하기 능력보다 더 정교한 사고와 준비가 필요합니다. 보고를 잘한다는 것은, 상사의 니즈와 내가 가진 정보를 얼마나 정확하게 연결해 낼 수 있느냐에 달려 있습니다. 이를 위해 가장 먼저 해야 할 일은 상사의 니즈를 정확히 파악하는 것입니다. 보고를 요청한 이유, 지금 무엇을 판단하려는지, 어떤 기준으로 결정을 내릴 가능성이 있는지를 미리 예측하고 준비해야 합니다. 보고는 정보를 주는 것이 아니라, 상사의 의사 결정을 돕기 위한 것이기 때문입니다.

또한, 자신이 가지고 있는 정보의 구조를 명확히 하는 연습도 필요합니다. 내가 알고 있는 것과 아직 모르는 것, 또는 확인이 필요한 내용을 구분할 수 있어야 합니다. 이 과정은 스스로를 객관화하는 메타 인지 능력과도 깊은 관련이 있습니다. 메타 인지가 뛰어난 사람은 보고 전에 '나는 무엇을 알고 있는가?', '이 정보는 상사에게 어떤 의미인가?'를 끊임없이 점검합니다.

정보를 정리할 때는 나열이 아니라, 상사의 판단 흐름에 맞춘 구조화가 필요합니다. 보고의 핵심은 '결론 → 근거'의 구조입니다. 상사가 궁금해하는 결론부터 먼저 제시하고, 그 이유와 근거를 뒤따라 설명하는 방식이 효과적입니다. 이때 데이터나 수치를 그대로 나열하는 것이 아니라, 어떤 정보가 상사의 관심과 연결되는지를 선별하는 안목이 중요합니다.

더불어, 사전 대화를 통한 니즈 확인도 매칭 기술을 높이는 데 매우 유용한 방법입니다. 보고 전에 짧게라도 "이 보고에서 어떤 부분을 중점적으로 보고 싶으신가요?"라고 질문하면 상사의 기대와 초점을 미리 조율할 수 있습니다. 이는 중간보고처럼 완성 전 단계에서 특히 효과적이며, 이후 최종 보고의 완성도와 설득력을 높이는 데 기여합니다.

마지막으로 보고 이후 피드백을 적극 반영하는 습관을 들여야 합니다. 상사의 반응이나 코멘트를 놓치지 않고 기록하고, 다음 보고 시 보완할 수 있어야 진정한 개선이 일어납니다. 단순히 지시를 따르는 수준을 넘어서 보고의 목적, 구조, 표현 방식 등을 스스로 되돌아보는 루틴을 갖는 것이 중요합니다.

결국 보고는 일의 결과를 나열하는 행위가 아니라, 상사의 결정에 필요한 정보를 맥락에 맞게 연결하고 설계하는 작업입니다. 매칭 기술은 이 과정을 정교하게 만들어 주는 핵심 능력이며, 이를 의식적으로 훈련하고 실천할 때 보고는 단순한 커뮤니케이션이 아니라 전략이 됩니다.

보고는 말보다
얼굴

보고를 할 때 많은 사람들이 '무엇을 말할지'에 집중합니다. 논리적으로 설명하고, 핵심을 정리하고, 말을 조리 있게 하는 것이 중요하다고 믿기 때문입니다. 물론 이 자체는 중요합니다. 하지만 조직에서 구두 보고를 할 때 진짜로 많은 것을 전달하는 것은 말이 아니라 보고자의 표정과 태도입니다.

보고는 말보다 먼저 보고자의 얼굴과 몸이 상사에게 도착합니다. 상사는 보고의 내용을 듣기도 전에 보고자의 표정, 눈빛, 자세를 통해 '이 사람이 이 주제에 대해 얼마나 준비했는지', '얼마나 자신 있는지', '이 보고에 얼마만큼의 진정성을 담고 있는지'를 무의식적으로 판단하게 됩니다. 말은 뒤따라오는 것입니다.

실제로 심리학자 앨버트 메라비언의 연구에 따르면, 인간의 커뮤니케이션에서 말의 내용이 차지하는 비중은 단 7%에 불과하고,

나머지는 목소리 톤(38%)과 얼굴 표정과 제스처 등 비언어적 요소(55%)라고 합니다(제한된 상황에서 연구되었다는 한계점은 있습니다). 보고도 마찬가지입니다. 어떤 말을 하느냐보다 어떤 얼굴로, 어떤 자세로, 어떤 리듬으로 말하느냐가 더 큰 영향을 미칩니다.

보고는 단순한 정보 전달이 아닙니다. 보고는 판단을 돕기 위한 **의도된 커뮤니케이션**이며, 나아가 상사를 설득하고 함께 방향을 정하는 **신뢰의 기술**입니다. 그리고 그 신뢰는 바로 태도에서 비롯됩니다.

따라서 보고를 준비할 때는 말의 내용뿐 아니라 비언어적인 표현에도 신경 써야 합니다. 보고자는 설명하는 얼굴이 아니라 확신 있는 얼굴을 해야 하며, 질문을 받아도 당황하거나 움츠러들기보다 차분하게 미소를 유지하는 것이 좋습니다. 또한 구부정한 자세나 떨리는 손, 시선을 피하는 행동은 준비가 부족하다는 인상을 줄 수 있으므로 허리를 펴고, 고개를 들고, 손은 자연스럽게 두는 자세를 기본으로 해야 합니다.

목소리도 중요합니다. 너무 빠른 말은 긴장감을 드러내고, 너무 느리면 확신이 없다는 인상을 줄 수 있습니다. 핵심 결론이나 제안을 말할 때는 한 박자 천천히, 낮은 톤으로 전달하면 훨씬 신뢰를 줄 수 있습니다.

결국 보고는 단순히 '말을 잘하는 것'이 아니라, 말에 신뢰를 실어 전달하는 것입니다. 논리적인 설명만으로는 부족할 수 있습니다.

표정과 태도, 말투와 자세까지 포함된 전체적인 메시지가 일치될 때, 비로소 보고는 상대방을 설득하게 됩니다. 그래서 저는 늘 이렇게 말합니다.

> "보고는 말보다 얼굴이 먼저 도착한다."

이 한 문장을 기억하면, 보고의 본질이 조금 더 명확해질 것입니다.

PART 4

보고의 사람:

- ☐ WORK
- ☐ REPORT
- ☐ PRESENTATION
- ☐ RELATIONSHIPS

보고의 출발

보고에서 가장 중요한 요소를 꼽으라면 '사람'입니다. 보고하는 사람 그리고 보고를 받는 사람. 보고에서 사람을 제외하고 생각할 수 있는 것은 없습니다. 완벽한 보고가 논리적이고 구조적인 프레임에 기반해 손색이 없을지라도 보고를 하는 사람, 보고를 받는 사람이 누구냐에 따라 완벽한 보고서가 종이 쓰레기가 될 수도 있습니다. 그래서 중요 사안을 누가 보고할 것이냐는 조직에서 매우 중요합니다. 비즈니스 성패에도 영향을 끼치기 때문입니다.

조직에서 유독 보고를 많이 하는 동료가 있나요? 임원이 있나요? 또는 그 일에 직접 관련 없는 동료가 보고를 하는 상황을 본 적이 있나요? 그들의 공통점을 떠올려 보십시오. 보고를 자주 하는 사람과 그렇지 않은 사람의 가장 큰 차이는 무엇일까요? 많은 사람들은 보고 사안에 대해 정통한 실력자라고 생각합니다. 하지만 대부분의 조직에서 구성원 간 엄청난 실력 차이가 있다고 말하기 어렵습니다. 학교라면 절댓값의 시험 점수를 통해 공부의 순위를 말할 수 있습니다. 하지만 일반적으로 조직에서는 개개인의 실력을 시험 점수로 순위화하지 않습니다. 그렇다면 유독 보고를 많이 하는 사람은 무엇이 다른 것일까요?

바로 '신뢰'입니다. 신뢰가 곧 그 사람의 실력입니다. 신뢰가 쌓이면 보고의 기회도 자연스럽게 많아집니다. 신뢰를 얻은 사람은 그 기회를 통해 다양한 과제를 맡아 보고, 때로는 시행착오를 겪으면서도 지지를 받으며, 마치 원석이 다듬어지듯 성장하며 일을 해 나갑니다. 이런 반복된 행위가 더 단단한 신뢰를 만듭니다. 신뢰는 절대 한 방향이 아닙니다. 서로 주고받으며 같이 쌓아 가는 행위입니다. 신뢰는 일을 성공적으로 마쳤을 때 생기는 것이 아닙니다. 이 점이 '신뢰'와 '신용'의 가장 큰 차이입니다. 신용은 한번 잃으면 회복이 어렵습니다. 그리고 신용은 단 한 순간에 쉽게 떨어집니다. 은행의 신용 대출을 떠올리면 됩니다. 하지만 신뢰는 잃는 것이 아닌 쌓는 것입니다. 천천히 꾸준히 쌓을 수도 있고 여러 번의 이벤트를 통해 쌓을 수도 있습니다. 한번 신뢰를 잃더라도 다시 쌓게 되면 배가되어 더 큰 신뢰로 굳어질 수 있습니다. 맡은 일이 뜻한 대로 되지 않을 수 있고 결과가 예상보다 안 좋을 수도 있습니다. 결과 중심적으로 일을 바라보면 신뢰가 쌓이기 힘듭니다. 일을 주저하는 구성원에게는 보고의 기회가 주어지기 힘듭니다. 결과 중심에서 과정 중심으로 일을 바라보는 시선을 옮겨야 합니다.

어느 조직이나 보고를 많이 하는 사람은 인정과 지지를 받는 사람입니다. 누구는 보고에 허덕이고 누구는 보고할 일 자체가 없는 경우가 있습니다. 조직은 일을 잘하고 영향력 있는 사람에게 보고를 맡기고 팀을 꾸려 줍니다. 처음부터 일을 잘하고 영향력을 발휘하는 사람은 없습니다. 그 바탕과 시작은 신뢰입니다.

"이 과장은 책임감이 있어 신뢰가 간다", "고객과 신뢰를 쌓는 것은 중요하다"와 같이 일터에서의 신뢰는 성실성, 능력, 진정성을 내포하고 있습니다. 신뢰가 없는 사람의 보고는 콩으로 메주를 쑨다 해도 곧이 듣지 않습니다. 앞서 '보고의 글' 파트에서도 강조했듯이 좋은 보고란 '더 이상 질문이 필요 없는 것'입니다. 추가 질문이 필요 없는 보고 또한 신뢰가 있기 때문에 가능한 것입니다.

당신은 어떤 유형의 보고자인가?
: 보고 성향 테스트

다음 다섯 문제에서 평소 당신의 행동과 가장 가까운 것을 하나씩 선택하세요.

1. 보고를 해야 할 상황이 생기면 나는?

A. 빠르게 보고서를 작성하고 상사에게 공유한다.

B. 자료를 수집하다가 시간이 흘러 결국 마감 직전에 제출한다.

C. 별일 아니라고 생각하며 최대한 피하거나 뒤로 미룬다.

2. 보고 중 예상치 못한 질문이 나오면?

A. 준비한 데이터를 바탕으로 답변하려 노력한다.

B. "확인 후 다시 말씀드리겠다"고 하며 피한다.

C. 당황해서 말문이 막히거나 말을 돌린다.

3. 상사에게 중간 점검을 요청받으면?

A. 중간보고의 중요성을 알고 먼저 공유하려 한다.

B. 완성된 후 보여 드리고 싶어서 중간보고를 꺼린다.

C. 지적이 두려워 애초에 중간보고를 피한다.

4. 보고서를 작성할 때 나는?

A. 핵심 메시지를 먼저 정리하고 구조를 짠다.

B. 내용부터 쓰기 시작하다 보니 두서가 없다.

C. 문서 자체를 열기가 싫다.

5. 보고 피드백을 받으면?

A. 수정 포인트를 반영하며 발전 기회로 삼는다.

B. 지적을 들으면 위축되고 의욕이 꺾인다.

C. 상사가 까다롭다고 느껴 회피하고 싶다.

A가 가장 많다면: 준비된 전략형

- 특징: 보고의 목적과 상대를 파악하고, 흐름에 맞는 전략을 세우는 유형
- 강점: 빠른 대응력, 메시지 중심의 커뮤니케이션
- 더 발전하려면, 비즈니스에 미치는 영향을 고려한 설득 포인트를 강화할 것

B가 가장 많다면: 미루는 실행형

- 특징: 잘해야 한다는 부담감 때문에 실행이 늦어지는 유형
- 약점: 마감 임박 시 허둥지둥, 완성도 저하
- 개선 포인트: '완벽'보다 '적시'가 중요. 사전 보고로 부담을 분산할 것

C가 가장 많다면: 회피형 관계 중심형

- 특징: 보고 자체를 부담스러운 관계적 상황으로 인식하는 경향이 큰 유형
- 약점: 회피, 눈치, 비효율적 커뮤니케이션
- 개선 포인트: 보고는 '성과 중심 커뮤니케이션'임을 인식하고, 작은 성공 경험부터 쌓을 것. 사소한 것부터 보고라는 프레임으로 상사에게 보고하는 연습부터 시작할 것

보고는 말솜씨의 문제가 아니라 생각과 설계의 기술입니다. 자신의 성향을 이해하고, 작은 변화부터 시작하는 것이 중요합니다. 당신도 보고의 고수가 될 수 있습니다.

'무엇'을 보고하느냐보다 '누가' 보고하느냐가 중요

광고 회사에 다니는 저는 다양한 광고주 피치* 현황을 접하게 됩니다. 기존 광고주를 유지하는 것도 비즈니스에 중요하지만 새로운 광고주를 지속적으로 발굴하는 것이 광고 회사의 지속 가능한 비즈니스에 매우 중요합니다. 신규 광고 피치 시즌이 되면 누가 어떤 광고주 프레젠테이션을 할 것인가를 살펴보게 됩니다. 그러면서 동시에 누가 신규 광고 피치를 따낼 것인가를 점쳐 보기도 합니다. 물론 모든 비즈니스가 그렇겠지만 한 가지 요소로만 승패를 해석할 수는 없습니다. 하지만 누가 하느냐는 매우 중요합니다. 결국 누군가의 승패로 비즈니스가 결정되기 때문입니다.

---

* 피치(Pitch)란 광고에서 여러 대행사가 광고주를 상대로 자사의 광고 전략과 아이디어 등을 제안하는 프레젠테이션 또는 경쟁 과정을 말합니다.

과거 정보가 비즈니스에 중요 키Key일 때 보고는 누가 보고하느냐보다 무엇을 보고하느냐가 매우 중요했습니다. 오늘날 AI 기반 데이터 솔루션이 도입되면서 보고는 무엇을 보고하느냐보다 누가 보고하느냐가 더 중요해졌습니다.

조직에서 보고는 일상의 업무입니다. 크고 작은 수많은 보고는 상황에 따라 크고 작게 비즈니스에 영향을 줍니다. 보고에서 내용보다 사람이 더 중요한 이유는 여러 가지가 있습니다. 그중 가장 큰 영향은 **신뢰와 신빙성**에 있습니다. 같은 내용이라도 보고하는 사람의 신뢰도에 따라 받아들이는 방식이 첨예하게 달라집니다. 보고자가 평소 신뢰를 바탕으로 조직 내 영향력이 높은 사람이라면 내용의 신빙성이 높아지고 반대로 조직 내 신뢰도가 낮거나 영향력이 적은 사람이라면 내용이 아무리 좋아도 설득력이 떨어질 수밖에 없는 것이 현실입니다. '누가 보고했느냐?'가 '무엇을 보고했느냐?'보다 중요한 이유가 여기에 있습니다.

보고는 단순한 정보와 데이터로만 구성되지 않습니다. 팩트인 정보와 데이터를 기반으로 보고자의 **인사이트와 분석력**이 요구됩니다. 보고자는 정보를 해석하고 의미를 부여하여 최종 판단을 도출합니다. 동일한 데이터를 다루더라도 보고자의 관점, 논리적인 전개 방식 그리고 핵심 포인트 요약 능력에 따라 보고의 퀄리티는 매우 달라집니다. 그래서 누가 보고하느냐가 의사 결정과 해결책에 큰 영향을 끼칩니다.

무엇보다 보고를 하는 사람은 단순한 전달자가 아닙니다. **보고 내용에 대한 책임**을 지는 사람이기도 합니다. 상사는 단순한 정보보다 보고자가 이 내용을 끝까지 책임지고 실행할 수 있는지 더 중점적으로 생각합니다. 따라서 보고자는 보고 후 추가 질문에 대응할 수 있어야 하며 실행 가능한 해결책을 제시하여 의사 결정을 촉구해야 합니다.

결국, 보고자는 구성원과 신뢰를 쌓고, 사안에 인사이트를 제공하며, 보고 내용에서 실행 책임까지 이끌 수 있는 조직 내 영향력을 발휘하는 사람이어야 합니다. 그것이 보고의 목적인 설득과 의사 결정의 힘을 발휘하게 됩니다. 이는 절대 특정 지위와 역할에 국한된 것이 아닙니다. 신입 사원에서부터 임원 레벨까지 각자의 위치에서 누구든 할 수 있어야 합니다.

보고는
위아래가 없어야 한다

보고는 계급이 아니라 책임의 언어입니다. 과거 산업화에 따른 문화적 맥락에서 서열은 조직의 질서와 효율을 유지하는 기본 뼈대였습니다. 특히 제조업 중심의 산업 구조에서 명령과 복종은 생산성과 효율성의 경쟁력이었습니다. 서열식 조직 문화에서 정보는 위에 있고 아래는 실행만 하는 구조였습니다. 지금은 모든 정보가 클라우드, 데이터, AI 등을 통해 모든 구성원들에게 동등하게 공유되고 활용되고 있습니다. 지식의 위계가 무너지면서 지위보다 실력이 나이 상관없이 더 중요한 경쟁력을 발휘하게 된 것입니다. 따라서 서열보다 관계와 유연성이 그리고 조율과 소통 능력이 더 중요한 조직의 뼈대가 되었습니다.

<u>보고자와 상사는 지시를 받고 복종하는 관계가 아닙니다.</u> 보고는 상사에게 일일이 허락을 받거나 지시를 따르는 의식이 아닌 업무

의 흐름과 책임을 공유하는 협력적인 커뮤니케이션입니다. 보고의 프로세스는 정보를 공유하고 의사 결정을 논의하고 실행을 위한 책임과 분담을 정하는 상호 작용이 요구되는 프로세스라고 할 수 있습니다.

누구든지 핵심 정보를 가진 사람이라면 보고할 책임이 있습니다. 아랫사람이 윗사람에게 하는 것이 보고가 아니라 정보를 먼저 알게 되거나, 비즈니스 상황을 먼저 파악한 구성원이라면 직급에 상관없이 신속하게 보고해야 합니다. 서열 문화가 강한 조직에서는 아직도 낮은 직급의 구성원이 먼저 알게 된 정보가 있어도 직접 보고하기를 주저합니다. "제가 인턴이라 말해도 되는지 몰라서… 대리님 오실 때까지 기다렸습니다." 이런 말을 인턴을 통해 한 번쯤 들어 봤다면 우리 조직의 현재 보고의 문화를 가늠할 수 있습니다. 누구든 "업데이트된 내용이 있어 바로 공유드리고 싶습니다"와 같이 민첩하게 아래위 누구에게도 보고할 수 있어야 합니다.

조직 전체가 빠르고 정확한 정보 공유를 위해서는 구성원이 '심리적 안전감Psychological Safety'을 가져야 합니다. 오늘날의 리더십, 조직 문화, 팀 퍼포먼스에서 핵심 키워드로 떠오른 개념입니다. 조직이나 팀 내에서 자신의 의견, 질문, 실수, 우려 등을 말해도 비난받거나 불이익을 당하지 않을 것이라는 믿음 즉, 나답게 말하고 행동해도 괜찮다고 느끼는 분위기입니다. "내가 이걸 보고하면 이사님이 기분 상해

하실까?" "지금 이걸 보고해도 되는 분위기인가?" 직장인이라면 한 번쯤 이런 고민을 속으로 되뇐 경험이 있을 겁니다. 보고가 활발해지고 다양한 의견이 공유되면 자연스레 조직의 효율성과 생산성은 좋아질 수밖에 없고 구성원 간 협력은 더욱 활발해질 것입니다. 보고는 자신 스스로 내 일에 대한 자신감과 책임감을 보여 주는 가장 중요한 프레젠테이션이라는 것을 기억해야 합니다.

보고받는 사람을
감동시켜라!

보고를 준비하다 보면 한 사람에게만 보고를 하는 경우도 있지만, 같은 내용을 여러 대상에게 보고해야 하는 경우가 있습니다. 이런 경우 가장 많이 하는 실수는 무엇일까요? 보고 내용이 같다고 같은 방식으로 각기 다른 대상자에게 전달하는 것입니다. 보고 내용이 같더라도 상대에 따라 전달 방식은 물론 상황에 따라서는 장소와 시간까지도 고려되어야 합니다. 새로 부임한 CEO 또는 팀장에게 보고를 해야 하는 경우를 예로 들어 보겠습니다. 대부분 이전 CEO 또는 팀장에게 하던 방식 그대로 보고합니다. 이 경우 새로 부임한 CEO 또는 팀장에게 긍정적인 피드백을 받은 기억은 거의 없을 겁니다. 보고 이후 자리로 돌아와 생각하게 됩니다. '내가 잘못 이해하고 보고했나? 이전 팀장님은 좋아했는데?'

보고 주제에 대해서 보고하는 사람이 가장 전문가입니다. 하지만 보고받는 대상은 그렇지 않습니다. 설령 회사 내 정해진 규칙에 의한 보고일지라도 보고받는 대상이 바뀌면 내용 및 전달 방식을 점검하고 대상에 맞춰 준비해야 합니다.

보고에서 보고받는 사람을 감동시킨다는 것은 단순히 '보고를 잘했다. 또는 보고서가 좋다' 이상의 의미를 가집니다. 그것은 곧, 상대가 생각하지 못했던 관점을 제시하거나, 복잡한 문제를 명쾌하게 정리해 주며, 스스로의 결정을 더 잘 내릴 수 있게 도와주는 경험을 제공하는 것입니다. 그렇다면 보고받는 사람을 감동시킬 수 있는 보고 기법에는 무엇이 있을까요?

상대가 궁금해할 것에 먼저 답하라

'내가 말하고 싶은 것'이 아니라 '상대가 궁금해하는 것'으로 보고를 시작해야 합니다. 실적 보고를 요청받았다고 가정하면 "이번 달 실적입니다"로 시작하는 대신 "이번 달 실적 하락의 원인과 회복 가능성에 대한 분석입니다"로 시작하는 것입니다.

정보가 아니라 의미를 전달하라

데이터는 AI도 보여 줄 수 있습니다. 보고하는 사람이 해야 하는 것은 해석과 의미 전달입니다. 예를 들면 "이번 분기 고객 이탈률이 10%입니다" 대신에 "30대 고객 이탈률이 가장 높은데 이유는 **와

***로 보이며 그 배경에는 ***이 있으며 조치로 ****가 필요해 보입니다"라고 보고합니다.

표현은 단순하지만 깊이 있는 인사이트를 담아라

복잡한 이슈를 한눈에 정리해 주는 도표를 그리거나, 인사이트 있는 한 문장이나 통찰력이 담긴 질문을 통해 보고받는 사람에게 깊은 인상을 남겨야 합니다. 예를 들면 "고객의 불만보다 더 무서운 건 침묵하는 고객입니다" 또는 "새로운 프로젝트는 속도가 아니라 방향이 중요합니다" 등입니다.

감정적 터치를 담아라

보고는 이성적인 작업 같지만 사람과 사람 사이의 의사소통이므로 감정적 요소도 중요합니다. 리더의 부담, 걱정, 욕구에 공감하는 보고가 적절히 필요합니다. 예를 들어, 상사의 걱정을 공감하는 점을 강조할 수도 있습니다. "본부장님이 우려하시는 일정 지연 가능성, 저희도 충분히 인지하고 있습니다. 그래서 위험 요소를 줄일 수 있는 대안을 준비했습니다." 비즈니스 상황에서도 상대의 부담을 공감해 줄 수 있습니다. "이번 결정이 큰 부담이 될 수 있다는 걸 잘 알고 있습니다. 그래서 여러 옵션을 정리해 봤습니다. 가장 부담이 적은 방향부터 함께 검토하시죠."

의사 결정의 지름길을 제시하라

보고받는 사람을 감동시키려면 보고가 의사 결정으로 연결되어야 합니다. "세 가지 옵션 중 비용 대비 효과가 가장 좋은 안은 Option B이고 이유는 다음과 같습니다." 이런 식으로 여러 결정을 제안하고 최선의 안을 알려 주는 것입니다.

CEO처럼 보고해라

CEO들은 늘 직원들보다 앞서 생각하고 비전을 제시합니다. 보고받는 상대방이 "이 정도까지 생각했어?"라고 느낄 수 있도록 기대치를 뛰어넘는 한 가지를 보고에 담는 것입니다. 이를 통해 단순한 보고가 아닌 전략적 동반자로 인식하게 됩니다.

관련된 모든 조직과의 얼라인먼트

보고 시 여러 관련 조직의 내용을 정확하게 확인하지 않거나 해당 담당자와 합의되지 않은 내용이 다뤄졌을 때 난처한 상황을 겪은 경험은 누구나 있습니다. 보고를 받는 그룹이 여러 조직장을 포함한 자리라면 더욱 민감할 수 있습니다. 그래서 보고 전에 보고 내용에 관련된 모든 팀과 사전에 소통을 마쳐야 합니다. 이를 얼라인먼트 (Alignment. 조율, 일치 또는 협력)라고 합니다.

사전 조율 없이 보고에 들어갔을 경우 보고의 신뢰뿐만 아니라 이후 실행에 있어서도 장벽에 부딪힙니다. 보고와 관련된 모든 조직과의 얼라인먼트를 '왜? 어떻게?' 해야 하는지 네 가지 핵심 포인트로 살펴볼 수 있습니다.

1. 전략적 일관성 확보

같은 프로젝트이지만 조직에 따라 보고의 목적이 다를 수 있습니다. 예를 들어, 리더십은 경영진의 의사 결정이 주요 목적이고, 재무팀은 재무 관리 등이 목적이 될 수 있습니다. 각 조직이 제각기 다른 방식으로 보고하면 전사적 관점의 전략이 왜곡될 수 있습니다. 얼라인먼트를 통해 공통의 목표와 우선순위가 반영된 통일된 메시지를 확인하고 최대한 왜곡 없는 메시지가 전달되도록 해야 합니다. 영업은 매출을 강조하고 재무는 비용 통제를 강조할 경우 이 사이에서 얼라인먼트 즉, 조율 없이 보고하면 상충된 메시지가 CEO에게 전달됩니다. 간혹, 임원 간의 관계에 문제가 있을 때 팀 간의 얼라인먼트에 어려움을 겪는 경우를 볼 수 있습니다. 그래서 얼라인먼트에 있어서는 하드 스킬(Hard skill - 지식, 기술)보다 소프트 스킬(Soft skill - 태도, 대인관계)이 매우 중요합니다.

2. 중복 업무 제거를 통한 효율성 향상

각 조직이 개별적으로 보고 체계를 운영하다 보면 데이터 중복, 리소스 낭비 그리고 비효율적인 프로세스가 발생합니다. 얼라인먼트를 통해 공통된 템플릿을 사용하거나, 기준과 일정을 맞추고 보고의 톤과 방향까지 얼라인먼트가 될 경우 보고의 퀄리티와 속도 그리고 보고를 통해 결정된 결과의 실행까지 효율성이 모두 향상됩니다.

3. 책임과 역할의 명확화

얼라인먼트를 해야 하는 이유는 '누가 무엇을 보고하고 누구에게 어떤 목적으로 전달하는가?'를 명확히 하기 위함입니다. 특히, 다수의 조직과 구성원으로 프로젝트를 하는 경우는 더욱더 얼라인먼트가 보고의 핵심 과제라고 할 수 있습니다. 보고의 내용에 대한 소유 조직이 명확해야 하며 질문 또는 오류가 발생했을 때 빠르게 대처하고 책임을 추적할 수 있어야 합니다. 조직 간의 책임 소재가 애매하면 책임 회피 또는 중복 보고가 발생하여 일의 진행이 더뎌집니다.

4. 신뢰와 투명성 제고

보고의 목적은 단순한 정보 전달이 아니라 신뢰를 기반으로 한 의사 결정을 지원하는 것입니다. 조직 간 데이터 해석이나 수치가 다르면 리더의 신뢰를 잃고 의사 결정도 지연됩니다. 특히 보고를 위한 데이터를 준비할 때, 동일한 데이터를 다르게 해석하거나 활용해 보고의 방향이 기획안과 다르게 전개되는 경우가 발생합니다. 이 경우 리더는 의문을 갖게 됩니다. 동일한 데이터로 이미 의사 결정의 틀을 잡았는데 데이터가 틀린 것인지 해석이 다른 것인지 헷갈리게 됩니다. 결국, 다시 확인하고 보고를 다시 받기로 합니다. 이런 일이 비일비재하다면 사전에 얼라인먼트를 하지 않았기 때문입니다.

결론적으로 보고와 관련된 모든 조직과의 얼라인먼트는 단순한 조율이 아니라 전사적 전략 실행을 위한 필수 과정입니다. 이는 신뢰받는 보고, 효율적인 업무, 명확한 책임 그리고 전략적 실행력의 핵심이라고 할 수 있습니다.

소프트 스킬의 중요성

보고에 있어 '전달'이 핵심이라는 점은 아무리 강조해도 지나치지 않습니다. 보고를 잘하는 사람 즉, 일을 잘하는 사람은 하드 스킬(무엇을 할 수 있는가?)뿐만 아니라 소프트 스킬(어떻게 일하는가?)도 뛰어납니다. 보고는 단순한 정보 전달이 아니라 상대의 이해와 수용을 끌어내는 과정이기 때문에 보고를 받는 사람의 입장과 맥락을 이해하고 고려한 태도와 소통 능력이 핵심이라고 할 수 있습니다.

- 하드 스킬(문서 작성, 데이터 분석, 시스템 활용 등)은 '무엇을' 담느냐에 영향을 준다.
- 소프트 스킬(커뮤니케이션 능력, 공감력, 설득력 등)은 '어떻게' 전달하느냐에 결정적이다.

　하드 스킬은 학습과 반복으로 누구나 일정 수준까지 갖출 수 있는 기술입니다. 그러나 좋은 태도, 협업 마인드, 명확하고 깔끔한 커뮤니케이션은 쉽게 복제되기 어렵고 짧은 기간에 습득하기도 쉽지 않습니다. 하지만 보고의 질과 영향력을 결정적으로 좌우하는 요소는 바로 이 소프트 스킬입니다.

소프트 스킬에서 제일 중요한 것은 무엇일까요? 바로 **관계**입니다. 우리가 흔히 사회생활에서 말하는 인간관계를 말합니다. 아무리 일을 잘해도 인간관계에 문제가 생기면 되던 일도 어려움에 봉착하고, 최악의 경우 회사를 그만두는 일까지 벌어집니다. 보고에서도 마찬가지입니다. 정확한 데이터와 비즈니스 상황 파악을 바탕으로 해결책을 보고만 하면 될 것인데 왜 인간관계가 핵심이 되는 걸까요?

보고는 대개 상급자, 타 부서, 외부 고객 등 다양한 이해관계자에게 이루어집니다. 아무리 콘텐츠가 좋고 기술적으로 뛰어난 보고라도 이들과의 신뢰, 공감 그리고 존중을 기반으로 한 관계가 형성되어 있지 않으면 설득력이 떨어질 수 있습니다. 이를 개인적인 친분 또는 사교성으로 해석하면 안 됩니다. 사적인 교류를 시도하거나 이를 통해 신뢰를 형성하려고 한다면 오히려 신뢰를 떨어뜨리는 결과를 가져옵니다. "아~ 이 사람은 일을 이렇게 대충 담 넘듯이 사람 관계로 처리하는구나?" 이런 피드백을 불러일으키는 사람이 조직에 꼭 있습니다. 이것이 의미하는 바가 무엇인지 생각해 봐야 합니다.

소프트 스킬에서 다음으로 중요한 것은 상대를 이해하는 능력입니다. 즉, **배려**입니다. 효과적인 보고는 상대의 니즈를 파악하고 그에 맞춰 메시지를 조율하는 것입니다. 예를 들어, 같은 데이터 기반의 인사이트 보고도 임원에게는 전략적 관점으로 실무자에게는 구체적인 실행 관점으로 보고해야 합니다. 이때 필요한 것은 특정 기술이 아니라 상대방 입장을 이해하고 상황과 맥락을 읽는 능력입니다.

AI 시대로 들어서면서 빠른 조직 변화 속에서 무엇보다 배려라는 소프트 스킬이 중요해졌습니다. 배려는 단순한 친절의 차원을 넘어, 사회적 협력Social cooperation, 유대감Social bonding, 공동체적 문제 해결 Collective problem-solving을 가능하게 하는 핵심 역량으로 주목받고 있습니다.

심리학과 조직행동 연구에서도 배려는 높은 감정지능Emotional intelligence, 공감Empathy, 의사소통 능력Communication competence을 기반으로 한 고차원적 행위임이 반복적으로 입증되었습니다. 실제로 연구들은 배려적 행동이 개인의 정서적 안정, 팀의 협업 성과, 조직의 혁신 성과에 결정적 기여를 한다고 강조합니다(Goleman, 1998; Batson, 2011; Grant & Patil, 2012).

따라서 배려Kindness는 단순한 미덕을 넘어, 업무와 리더십의 맥락에서 발휘될 때 '최고의 지적 수준의 행위the highest level of intellect'라고 할 수 있습니다. 배려는 단순한 친절이 아니라 의도적인 훈련, 메타인지, 경청, 관점 전환, 문화화를 통해 학습하고 계발할 수 있습니다.

AI 시대일수록 이 능력이 사람을 연결하고, 협업과 혁신을 가능하게 하는 결정적 기반이 됩니다.

보고의 궁극적인 목적은 정보 전달이 아니라 상대의 행동을 유도하는 것이기 때문에, 사람 사이의 관계와 배려가 가장 강력한 영향력이라는 것을 늘 상기해야 합니다.

신뢰가
곧 설득력

"신뢰가 설득력이다"라는 말은 상대방에게 신뢰를 얻지 못하면 아무리 논리적으로 말해도 설득이 되지 않는다는 뜻입니다. 다시 말해, 진정한 설득은 말의 논리나 화려한 프레젠테이션이 아니라 말하는 사람에 대한 신뢰에서 나온다는 의미입니다. 조직에서 팀장이 중요한 방향성을 제시할 때 평소 신뢰가 있다면 팀원들은 그의 말을 따르지만, 신뢰가 없다면 아무리 타당한 계획이라도 설득이 되지 않습니다.

설득력 있는 보고는 단순한 정보 전달이 아니라 전략적 의사 결정과 행동을 유도하는 힘입니다. 〈하버드 비즈니스 리뷰〉HBR* 연구

---

* 보다 자세한 내용은 'Where Data-Driven Decision-Making Can Go Wrong'(HBR Sep-Oct. 2024), 'Storytelling That Drives Bold Change'(HBR Nov-Dec. 2023)에서 확인 가능합니다.

에 따르면 데이터 자체보다 그 데이터를 '어떻게 설득력 있게 전달하느냐'가 의사 결정에 더 큰 영향을 미친다고 합니다. 즉, 보고서가 아무리 정확하더라도 상대의 공감과 이해 그리고 수용을 이끌어 내지 못하면 실행으로 이어지지 않는다는 것입니다.

보고는 커뮤니케이션의 관점에서 설득 커뮤니케이션Persuasive communication이라고 할 수 있습니다. 상대방이 '알게' 하는 것을 넘어서, '납득하고 행동하게' 만드는 대화 방식이기 때문입니다. 단순 전달을 넘어서 상대방의 생각, 감정, 행동에 변화를 유도하기 위한 전략적인 설계가 필요한 커뮤니케이션이 바로 보고입니다. 조직에서 영업 보고가 있다고 가정해 봅시다.

- 단순 전달 보고: 이번 분기 매출이 15% 감소했습니다.
- 설득 보고: 이번 분기 매출이 15% 감소했습니다. 특히, 고객 이탈률이 높았던 A 지역의 마케팅 예산 축소가 주요 원인으로 파악되고 이를 해결하기 위한 전략적 보완 방안도 같이 보고드리고자 합니다.

내가 하는 보고는 내가 일하는 방식입니다. 보고는 단순히 하나의 업무가 아닙니다. 그것은 일을 대하는 나의 태도이자, 내가 어떻게 일하는지를 보여 주는 프레젠테이션입니다. 많은 사람들이 이를 간과하고 '얼른 끝내야 할 일'로만 여기지만, 사실 보고는 그 자체로

나의 일하는 방식을 점검하고 성찰할 수 있는 중요한 기회가 됩니다.

더 나아가 보고가 중요한 이유는 단순히 사안을 설득하는 자리가 아니기 때문입니다. 진정한 설득은 보고하는 내용을 통해서가 아니라, 보고하는 사람을 통해 이루어집니다. 보고하는 사람이 다루는 일을 어떻게 해결하고, 어떤 방식으로 접근하고 있는지가 그대로 드러나기 때문입니다. 지금 내가 어떻게 일하고 있는지 점검하고 돌아봐야 할 때입니다.

팀 리더를 위한
보고 인사이트

보고가 개인 성과에 큰 영향을 주는 직급은 단연코 팀 리더입니다. 조직은 리더에게 단독 보고를 요구하는 경우도 많지만 팀을 통해 진행되는 크고 작은 프로젝트를 보고해야 경우가 많습니다. 리더는 수많은 중간보고와 최종 보고서로 결과물을 제출해야 하는 프로젝트성 보고가 많습니다. 동시다발로 몰아치는 보고를 효율적이고 생산적으로 관리하는 것이 리더의 역량 중에 매우 중요한 영역입니다. 실제 팀원으로 뛰어난 성과를 만들고 조직에서는 일을 잘해 팀 리더가 되었음에도, 보고 역량이 부족해 이전의 성과까지 제대로 인정받지 못하는 경우를 종종 볼 수 있습니다. 이는 리더에게 있어 보고 역량이 곧 성과를 좌우하는 핵심 역량임을 보여 줍니다. 수많은 보고 업무 속에서 더 스마트하게 보고하는 리더가 되기 위한 팁을 함께 살펴보고자 합니다.

1. 컨트롤 타워(Control tower) 세우기
: 프로젝트 전체를 조율하고 중심을 잡는 역할

리더가 단독으로 기획하고 보고하는 경우도 있지만, 대부분의 보고는 팀원들과 함께 프로젝트 형태로 업무를 이끌며 진행하는 경우가 많습니다. 이런 상황에서는 리더 혼자만의 역량으로는 원하는 결과를 만들기 어렵습니다.

가장 흔한 실수는 마감 기한이 촉박하고 개인 업무도 많은 상황에서, 리더가 보고서의 각 페이지별 담당자를 정하고 마감일과 함께 작성 요청만 통보하는 방식입니다. 이때 리더는 보고서의 방향과 프레임을 충분히 설명했다고 생각하고, 각 담당자에게 페이지 분담과 일정, 중요성을 간단히 덧붙인 후 자리를 뜨는 경우가 많습니다. 그러나 문제는, 리더는 충분히 전달했다고 생각하지만 팀원들은 전체 맥락이나 의도, 연결 구조를 제대로 이해하지 못한 채 각자의 페이지를 개별 과제로 인식하게 되는 것입니다. 이로 인해 보고서의 흐름이 분절되고 메시지가 일관되지 않는 결과가 발생할 수 있습니다.

<u>보고서 작업에서 가장 효과적으로 혼선을 방지하는 방법은, 전체 보고서의 컨트롤 타워 역할을 명확히 정하는 것입니다.</u> 보통 리더가 이 역할을 수행하기도 하지만, 사안에 따라서는 팀원 중 한 명을 컨트롤 타워로 지정하는 것이 보고서의 완성도를 결정짓는 중요한 전략이 됩니다. 보통 컨트롤 타워 역할을 하는 자리를 PM_{Project}

Manager이라고 부릅니다.

보고서가 '산으로 간다'거나, 각 페이지마다 많은 정보와 노력이 담겼음에도 불구하고 절반 이상의 장표가 버려지는 상황은 흔히 발생합니다. 이런 문제의 본질은 무엇일까요? 리더가 전체 보고서를 읽고 조율한다고는 하지만, 각 페이지 사이의 흐름과 연결 구조를 실시간으로 점검하고 세밀하게 조정하지 않으면 메시지의 일관성이 무너지기 쉽습니다. 리더가 컨트롤 타워 역할을 한다고 해도 모든 디테일을 챙기기엔 한계가 있습니다. 특히 규모가 있는 보고서일수록, 리더는 전체 방향성과 전략적 흐름에 집중하고, '보고서의 키'를 쥐고 항해를 이끄는 선장의 역할을 해야 합니다.

반면, 컨트롤 타워 역할을 맡은 사람은 부선장처럼 각 장표 간의 연결고리를 살피고, 페이지 담당자의 진행 상황과 내용을 세심하게 파악하며 전체를 조율해야 합니다. 최종 결과물이 나오기 전까지, 각 페이지의 조합, 논리적 연결성, 표현의 명확성을 끊임없이 검토하고 오케스트레이션*하는 과정이 반드시 필요합니다.

조직 내 대부분의 주요 프로젝트는 팀 단위로 진행되며, 이 경우 보고서 컨트롤 타워 역할을 수행할 사람이 지정되지 않으면 누구도

---

* 오케스트레이션(Orchestration)이란 여러 악기의 역할을 조화롭게 구성해 하나의 음악을 완성하는 것처럼 비즈니스나 프로젝트 맥락에서 각자의 역할과 요소들을 분산되지 않게 연결하고 조정하는 능력을 뜻합니다.

전체를 책임지지 않고 각자의 장표만을 채우는 '보고서 분절 현상'이 반복될 수밖에 없습니다.

2. 백업(Back-up) 만들기
: 예상치 못한 상황에서 공백을 메우고, 리더를 보조하는 역할

뮤지컬에서는 주연 혹은 조연 배우가 일정대로 공연을 올릴 수 없을 때 이 역할을 대신하여 주조연을 맡아 연기하는 배우가 있습니다. 이를 '언더스터디Understudy' 또는 '언더'라고 부릅니다. 언더 배우들은 평소에는 다른 배역으로 공연에서 자신의 역할을 합니다. 이와 마찬가지로 중요 보고의 경우 컨트롤 타워 역할을 하는 구성원에게 문제가 생겼을 시 즉시 대응 가능한 대체자가 있어야 합니다. 실무를 깊이 이해하고 핵심 보고와 의사 결정에 일부 참여하는 사람이어야 합니다. 리스크 상황에서 완충 역할을 한다고 해서 쿠션 롤Cushion role이라고도 합니다. 이를 통해 팀을 안정화할 수 있어 중요 보고의 일정을 변경하거나 의사 결정을 미루는 상황을 피할 수 있습니다. <u>팀 리더들이 가장 많이 하는 실수가 컨트롤 타워 역할을 할 사람은 자신 있게 지정하면서 막상 백업 역할을 고려하지 못해 위기 상황에서 난처한 경험을 하는 것입니다.</u> 평소에도 구성원들이 유기적으로 협력하며 업무 공백이나 리스크 상황에 유연하게 대처할 수 있도록 관리하는 것은 리더의 매우 중요한 역할입니다.

3. 롤플레잉(Role playing) 해 보기
: 보고나 발표 전에 실전 상황처럼 연습하는 것

리더들이 가장 흔히 저지르는 실수는 규모나 중요도가 큰 보고나 발표에만 롤플레잉을 준비한다는 점입니다. 인사부 대리 시절 매월 정기 임원 회의 준비를 맡아서 할 때입니다. 참석 대상자와 미팅 순서는 일 년 내내 동일했고, 각 부서장들이 매월 업무 업데이트와 새로운 계획들을 공유하는 자리였습니다. 특별한 이슈나 리스크를 다룰 때만 제외하면 매월 순조롭게 미팅이 진행됩니다.

이런 회의를 준비하다 보면 어느 파트 부서장들이 보고나 발표를 잘하는지 한 번에 비교해서 관찰할 수 있습니다. 그 시절 마케팅 홍보 부서장을 맡은 A 상무님은 늘 명확하고 간단하고 누구나 이해할 수 있게, 주제를 벗어나지 않으며 보고하는 분이었습니다. 일은 말할 것도 없이 부서장들 중에서도 최고의 성과와 피드백을 받는 분이었습니다. 정기 임원 회의가 끝나고 정리를 하면서 마침 늦게 자리를 뜨는 A 상무님에게 물었습니다.

직원: 상무님, 매번 보고나 발표를 하실 때 어쩜 그렇게 흐트러짐이 없으세요? 진짜 타고나신 것 같아요. 근데 아까 손에 들고 계셨던 메모, 엄청 빼곡하던데요? 뭔가 비밀 노트 같았어요!

A 상무: 아니에요. 저도 긴장을 많이 해서 임원들 앞에 서면 말이 꼬일 때도 많아요. 그래서 발표 전에 연습을 정말 많이 합니

다. 오늘 조금이나마 자연스럽게 보였다면 다행이네요. 손에 들고 있던 메모는 오늘 보고할 내용과 발표 대사를 정리해 놓은 거예요.

직원: 매번 반복되는 보고까지도 연습을 하신다는 말씀이세요?

A 상무: 네, 대사도 미리 써 보고, 회의 들어가기 직전까지 혼자 롤플레잉을 하거나 이미지 트레이닝을 해요. 그런데도 늘 준비한 만큼은 안 되더라고요.

직원: 저도 당장 그렇게 해 봐야겠습니다.

정기 보고나 발표부터 비즈니스에 중대한 보고까지 촘촘히 준비하고 대비하는 사람과 그렇지 않은 사람의 커리어 단단함이 얼마나 다른지 인사 담당자로서 잘 알기 때문에 롤플레잉은 몇 번이고 강조하고 싶습니다. 보고하기 전의 롤플레잉은 보고의 품질을 향상시키는 것은 물론 보고하는 자신의 자신감을 확보하는 데 도움이 됩니다. 보고받는 사람의 입장이 되므로 피드백과 질문을 미리 예상할 수도 있습니다. 특히 경영진 보고나 대외 발표의 경우 예상 질문 대응력 강화를 위해 롤플레잉은 중요한 과정입니다. 팀장급 리더들은 임원급 보고에서 발표 자료 없이도 3분 안에 핵심을 전달할 수 있어야 합니다. 다뤄야 하는 이슈가 많은 임원급 보고에서는 시간 제약과 즉답 상황이 다수 발생합니다. 이 경우 피라미드 구조로 내용을 정리한다 생각하고 보고하는 것이 매우 효율적입니다.

	피라미드 구조로 내용 정리하기: 결론 → 이유 → 근거 순으로 말하는 구조 훈련
결론	"마케팅 예산을 15% 증액해야 합니다."
이유	"현재 예산으로는 신규 캠페인 도달률 확보가 불가능합니다."
근거	"전년 대비 ROI(투자 수익률) 30% 하락, 경쟁사 대비 예산 40% 부족 등."

보고받는 사람도 훈련이 필요하다

우리는 흔히 '보고는 보고자가 잘해야 한다'고 생각합니다. 하지만 실제로 보고의 성패는 '듣는 사람', 즉 리더의 태도에 따라 크게 좌우됩니다. 보고의 질은 단순히 '어떻게 말하느냐'의 문제가 아니라, '어떻게 들어 주느냐'에 따라 달라집니다. 보고를 잘 받는 리더는 팀의 사고력과 보고력까지 끌어올릴 수 있습니다. 옆의 표는 보고자를 위축시키는 대표적인 리더의 태도들입니다.

이러한 리더의 태도는 보고자의 표현력 저하 → 해석력 위축 → 자신감 상실로 이어집니다. 결국 보고의 질도, 팀의 사고 수준도 떨어집니다. 보고는 단순한 정보 전달이 아니라 대화의 한 형태이며, 리더는 이 대화의 문을 열어 주는 중요한 역할을 맡고 있습니다. 보고를 잘 이끌어 내는 리더는 다음과 같은 반응 기술을 통해 구성원과의 소통을 효과적으로 이끌어 갑니다.

유형	리더의 행동	보고자에 미치는 영향
무표정형	표정 변화 없이 보고 청취	'내가 뭔가 잘못했나…' 불안 유발
딴청형	노트북, 스마트폰 확인하며 듣기	보고자가 존중받지 못한다는 느낌
무반응형	끄덕임·질문·반응 없음	흐름 정체, 리듬 상실, 자책 유발
일방형	"됐고, 그냥 요점만" 식 반응	내용이 아닌 사람을 제압하려는 인상
초조형	시계 자주 보기, 빨리 끝내라는 제스처	말 줄이기, 생략, 비약으로 연결

먼저, **적극적인 경청**은 리더의 기본적인 자세입니다. 고개를 끄덕이거나 눈을 맞추고 메모를 하는 등 시각적으로도 경청을 표현함으로써 보고자가 안정감을 느끼고 계속해서 말을 이어 갈 수 있도록 돕습니다. 여기에 "응, 좋아요. 계속 해 보세요"와 같은 짧은 피드백을 더하면 보고의 흐름과 리듬이 자연스럽게 유지됩니다.

둘째, **피드백 주기**는 단순히 지적이 아닌, 긍정과 요청을 균형 있게 전달하는 기술입니다. 예를 들어 "이 포인트는 잘 짚었네요"라는 칭찬과 함께 "여긴 숫자가 조금 더 있었으면 좋겠어요"라는 구체적 요청을 함께 전달함으로써 보고자는 자신의 강점과 개선점을 동시에 인식할 수 있게 됩니다.

셋째, **확장 질문 활용**은 보고자의 사고를 깊이 있게 확장시키는 데 효과적입니다. "그 말은 이런 흐름으로 이어진다는 의미일까요?" 혹은 "만약 이런 상황이라면 어떻게 대응할 건가요?"와 같은 질문은 단순한 내용 확인을 넘어, 보고자가 주제를 더 넓게 바라보고 스스로 사고를 정리하도록 도와줍니다.

마지막으로, **결정과 연계된 피드백**은 리더십의 핵심입니다. "그럼 이걸로 결정하겠습니다" 또는 "이건 일단 보류하고, 다음 회의에서 다시 다뤄 보죠"와 같이 명확한 결정과 방향을 제시해 주면, 보고자는 자신의 보고가 조직의 움직임에 실제로 기여하고 있다는 점에서 큰 동기 부여를 얻게 됩니다.

이처럼 리더의 반응 하나하나는 단순한 리액션이 아니라, 보고 문화를 형성하고 조직의 커뮤니케이션 수준을 끌어올리는 핵심 요소입니다. 다음은 리더를 위한 셀프 체크리스트입니다.

• 나는 보고를 받을 때 눈을 마주치고 있는가?
• 보고 도중 내가 방해하는 말을 하고 있지는 않은가?
• 보고가 끝났을 때 명확한 방향 제시를 하고 있는가?
• 피드백이 '내용'에 대한 것인지, '사람'에 대한 것인지 구분하고 있는가?
• 보고자의 시도를 격려하고 있는가?

보고는 리더가 '받아야' 비로소 완성됩니다. 리더가 훈련되지 않으면 보고자는 성장할 수 없습니다. 리더가 보고자의 노력을 인정하고, 말을 기다려 주고, 사고를 키워 주는 방식으로 반응할 때 보고는 단순한 보고를 넘어 팀 성장의 촉진제가 됩니다. 보고를 잘 듣는 리더는 결국 일을 잘 이끄는 리더로 인정받습니다.

최고의 인재들은
왜 보고를 잘하는가?

 최고의 인재들이 보고를 잘하는 이유는 근본적으로 일을 잘하고 싶어서가 절대 아닙니다. 결과를 보니 일도 잘한 사람들이었습니다. 최고의 인재들은 과업을 타인에게 할당받은 과제라고 생각하지 않습니다. 과업 자체를 나의 일이라고 생각하고 그것 자체가 나라는 인식을 가지고 있습니다. 조직 환경에서 비유하자면, 직급이 사원이든 과장이든 내가 하는 일은 내가 CEO라고 생각하고 행동하고 실행하는 것입니다.

 '최고의 인재들은 왜 보고를 잘하는가?'에 관련된 주제는 경영학, 조직심리학, 커뮤니케이션 연구 등에서 다양한 연구로 다루어지고 있습니다. 많은 연구에서 공통적으로 강조하는 점은 무엇일까요?

 그들은 본질을 꿰뚫는 사고력을 가지고 있습니다. 단순히 정보를 나열하지 않고 보고의 목적과 핵심 메시지를 정확하게 이해하고 전달합니다. '무엇을 말해야 하는가'보다 '왜 이 보고를 하는가'를 먼저 고민합니다. 보고를 받는 사람이 누구인지, 무엇을 궁금해할지 그리고 최종적으로 어떤 결정을 내려야 하는지를 고려해 보고 내용을 구성합니다. 자신이 말하고 싶은 것보다 **상대가 알아야 할 것을 중심**으로 정리합니다.

그들은 보고에서 '전달'의 중요성을 알고 있습니다. 기승전결, 3단 구성, 피라미드 구조 등 논리적으로 정돈된 틀 안에서 정보를 체계적으로 전달합니다. 내용이 복잡해도 듣는 사람이 쉽게 이해할 수 있도록 흐름을 설계합니다. 보고를 잘하는 인재일수록 보고를 위한 연습을 소홀히 하지 않습니다. 중요한 발표는 물론, 반복적인 루틴 보고도 사전에 시뮬레이션을 통해 숙련도를 높입니다.

마지막으로 그들은 매번 보고 후 피드백을 구하고, 작은 디테일까지 점검하며 다음 보고에 반영합니다. 피드백을 통해 끊임없이 스스로를 업그레이드시킵니다. **보고는 배울수록 더 잘하게 되는 기술**이라는 점을 잘 알고 있기 때문입니다.

데이터를 넘어
리더의 마음을 움직이는 기술

보고는 단순한 정보 전달이 아닙니다. 진짜 보고는 리더의 판단을 이끌어 내고, 실행을 유도하는 심리적 작용입니다. 많은 사람들이 무엇을 보고할 것인가에 집중하지만, 정작 중요한 것은 어떻게 전달하느냐입니다. 이 '어떻게'에는 심리적 설계, 어조, 태도, 타이밍 등 보이지 않는 요소들이 결정적인 영향을 미칩니다.

한 대기업의 구성원 A가 팀 프로젝트의 예산 오류를 상사에게 보고해야 하는 상황에 놓였습니다. 그는 사실만 전달했습니다.

> "예산에서 5% 차이가 발생했습니다. 조정이 필요합니다."

그러나 상사는 심각성을 인지하지 못했고, 후속 조치도 지연됐습니다. 결국 프로젝트는 일정에 차질을 빚고 말았습니다. 반면 비슷한 상황에서 또 다른 구성원 B는 다음과 같이 보고했습니다.

> "현재 예산이 5% 초과된 상태입니다. 이대로라면 납기일 내 납품이 어려울 수 있습니다. 두 가지 대안이 있습니다.
> 첫째는 ○○ 부문에서 일부 축소하는 방안,
> 둘째는 ○○ 항목을 외주로 조정하는 방법입니다.
> 저는 두 번째 대안을 제안드리고 싶은데요, 어느 쪽이 더 낫다고 보십니까?"

같은 데이터지만 전달 방식은 전혀 달랐습니다. B는 단순히 숫자를 나열한 것이 아니라, 그 숫자가 상사에게 어떤 판단을 요구하는지 명확히 제시하고 본인의 판단까지 덧붙였습니다. 결과적으로 상사는 빠르게 결정을 내릴 수 있었고, 팀도 문제를 조기에 해결했습니다.

보고에는 '심리적 흐름'이 있습니다. 처음부터 위기감을 조성하거나, 반대로 너무 무감각하게 시작하면 리더의 인지적 반응이 떨어집니다. 보고의 초입에서는 핵심을 명확하게 전달하고, 중반에는 선택지를 좁혀 주며, 마지막에는 실행을 유도하는 설계가 필요합니다. 이 과정에서 보고자의 목소리 톤, 눈빛, 태도는 단순한 전달 수단이 아니라 심리적 메시지로 작용합니다.

보고는 감정보다는 판단을 위한 대화이지만, 역설적으로 그 판단을 유도하는 데 있어 감정적 설계가 매우 중요합니다. 신뢰, 자신감, 긴박감. 이 세 가지 감정을 어떻게 조합하느냐에 따라 리더의 반응은 달라집니다. 그래서 농담 반 진담 반으로 CEO 보고의 경우 비서를 통해 CEO의 컨디션, 사무실 분위기 등까지도 살피는 이유도 여기에 있습니다. 결국 보고의 핵심은 데이터를 전달하는 것이 아니라, 그 데이터를 해석하고 의미를 부여해 리더의 '결정'을 이끌어 내는 것, 그리고 데이터를 넘어서 마음을 움직일 수 있어야 조직이 움직인다는 사실입니다.

'보고의 심리학'이라고 표현할 수 있는 주된 심리학 기법들을 옆의 표와 같이 정리할 수 있습니다. 이는 보고자가 단순히 정보를 전달하는 수준을 넘어, 상대의 판단과 행동을 유도하기 위한 심리적 설계에 기반한 기법들이라고 할 수 있습니다. 이러한 심리학 기법들은 보고 상황에서 리더가 빠르고 정확하게 판단하고 실행에 옮기도록 유도하는 심리적 장치들입니다. 보고자는 단순한 전달자가 아닌, 상대의 인지·감정·행동을 설계하는 '심리 전략가'가 되어야 합니다.

1. 프레이밍 효과 (Framing effect)	같은 정보라도 어떻게 말하느냐에 따라 상대의 판단이 달라지는 현상	예: "예산이 5% 초과되었습니다" vs. "이대로 가면 납기일을 맞추기 어렵습니다." → 후자는 문제의 심각성과 리더의 '행동 필요성'을 직관적으로 느끼게 함
2. 선택 유도 (Choice architecture)	여러 옵션을 제시하면서도 보고자가 원하는 방향으로 자연스럽게 리더를 유도하는 기법	예: "두 가지 대안이 있습니다. ○○ 또는 ○○ 어느 쪽이 더 나을까요?" → 상사에게 주도권을 주는 동시에, 결정의 방향을 명확히 좁혀 주는 방식
3. 인지 부하 최소화 (Cognitive load reduction)	리더가 판단해야 할 정보를 구조화하여 '생각의 부담'을 줄여 주는 방식	예: 복잡한 숫자나 그래프 대신 핵심 수치와 의미를 먼저 전달한 후, 구체 설명을 배치 → '핵심 요약-근거 제시' 구조는 보고의 몰입도를 높임
4. 긴박감 조성 (Urgency framing)	결정을 유도할 때, 일정한 긴박감을 부여함으로써 리더의 '즉시 반응'을 유도	예: "이 사안은 이번 주 안에 방향이 잡히지 않으면 일정 전체에 영향을 미칩니다." → 무조건 압박하는 것이 아니라, '시간적 우선순위'를 설득 논리로 활용
5. 신뢰 형성 커뮤니케이션 (Ethos appeal)	보고자의 어조, 태도, 말투를 통해 '신뢰감'을 전달하는 방식	예: "이 사안은 아직 리스크가 열려 있지만, 다음과 같은 대응 방향을 생각해 봤습니다." (* 너무 조심스럽지도, 너무 단정적이지도 않은 균형 잡힌 말투.) → 전문성과 책임감을 동시에 전달
6. 스키마 활성화 (Schema activation)	상대가 이미 알고 있는 배경지식, 경험을 자극하여 빠르게 판단할 수 있도록 돕는 방식	예: "지난번 ○○ 프로젝트와 유사한 상황입니다. 그때처럼 A안을 적용할 수도 있습니다." → 익숙한 맥락을 활용해 판단 속도를 높이고 심리적 저항을 줄임

신입도 보고의 자격이 있다
: 처음부터 훈련하라

"저는 아직 신입이라 보고는 선배들이…." "아직은 들은 걸 정리하는 것도 벅차서요." 이런 생각부터 바꾸어야 합니다. 보고는 직급과 경력의 문제가 아닙니다. 일을 어떻게 바라보느냐, 정보를 어떻게 정리하느냐의 문제입니다. 오히려 처음부터 '보고의 눈'을 갖춘 신입은 빠르게 성장합니다. "보고는 경력자가 해야 한다"는 편견은 깨야 합니다. 보고는 상사의 결정을 돕는 커뮤니케이션이기 때문에 결정에 필요한 정보를 누가 가장 잘 모았고, 잘 정리했느냐가 더 중요합니다.

당연히 신입도 충분히 보고할 수 있습니다. 단, '바로 보고'보다 '보고할 수 있게 준비하는 법'부터 훈련해야 합니다. 신입 구성원이 보고를 잘하기 위해서는 감각이나 센스만을 의지하기보다, 훈련 가능한 구체적인 방법을 통해 보고의 기본기를 다져 나가는 것이 중요합니다. 다음은 신입이 실무에서 바로 실천할 수 있는 네 가지 보고 훈련법입니다.

1. 정보 수집 훈련: "무엇을 모아야 보고가 되는가?"

보고는 단순한 생각 나열이 아니라, 팩트와 정보에 기반한 설득의 기술입니다. 상사의 회의나 업무 지시를 받은 후에는 관련 키워드로 리서치를 시작하는 습관을 들여야 합니다. 기사, 시장 동향, 내부 레퍼런스, 경쟁사 사례 등 사실 기반의 자료를 꾸준히 수집하며 자신의 '정보 루틴'을 만들어 가는 것이 중요합니다. 정보를 정리할 때는 중복 없이, 누락 없이 정리하는 MECE 원칙을 적용해 보세요. 예를 들어 "내가 이걸 상사에게 설명한다면 어떻게 정리할까?"를 스스로 질문하며 자료를 구성하면 훨씬 더 명확한 보고가 됩니다.

2. 보고 리허설 훈련: 혼잣말로 연습하기

자료만 정리하고 끝내지 말고, 반드시 말로 표현하는 연습을 해 보세요. 뉴스 클리핑*이나 업무 자료를 읽고 난 뒤 "그래서 핵심은 뭔가요?"라고 스스로에게 질문을 던지고, 그것을 말로 설명해 보는 훈련

---

* 뉴스 클리핑(News clipping)은 신문, 온라인 뉴스 등에서 필요한 기사나 정보를 발췌, 수집, 정리하여 공유하는 작업 혹은 그 자료 자체를 뜻합니다.

입니다. 처음에는 문장이 길어져도 괜찮습니다. 중요한 건 '핵심 요약 훈련'이 습관화되는 것입니다. 예를 들어 "이 보고서의 핵심은, 광고 시장이 줄고 있고 특히 온라인 영상 매체 쏠림 현상이 강화되고 있다는 점입니다"와 같은 문장을 만들어 내는 것이 목표입니다.

3. 사전 질문 리스트 만들기

신입의 보고는 종종 방향이 불확실하거나 엉뚱한 자료로 흐를 수 있습니다. 이런 시행착오를 줄이기 위해선 보고 전에 상사에게 미리 질문을 던지는 습관이 필요합니다. 예를 들어 보겠습니다.

- 주제가 모호할 때: "이 업무의 최종 목적이 어떤 방향인지 알 수 있을까요?"
- 자료 방향이 불확실할 때: "혹시 이전에 참고한 자료나 원하는 관점이 있을까요?"
- 우선순위가 궁금할 때: "여러 아이템 중 어떤 걸 먼저 보고드리면 좋을까요?"

이러한 질문은 단순히 '모른다'는 표현이 아니라, 보고의 흐름을 이해하고자 하는 주도적 태도로 비치며 긍정적인 인상을 남깁니다.

4. 선배 보고 따라 쓰기&구조 분석

창의적인 보고는 경험이 쌓인 뒤의 일입니다. 신입 시절에는 창작보다 복기가 더 중요합니다. 우선 조직 내에서 잘 작성된 보고서나 메일을 수집하고 "이 사람은 어떤 문장으로 시작했을까?", "어떤 흐름으로 내용을 전개했지?"를 분석해 보세요. 직접 한 페이지를 요약해 보거나, 보고서를 다시 써 보는 훈련을 하다 보면, 자연스럽게 보고의 구조적 감각이 길러집니다. 이러한 작은 습관과 훈련이 쌓이면, 보고는 두렵거나 막막한 일이 아닌 '조직 내에서 나를 성장시키는 무기'로 변하게 됩니다. 보고는 배워야 할 기술이며, 연습하면 분명히 잘할 수 있습니다.

신입도 보고의 자격이 있습니다. 보고는 '시켜야 하는 것'이 아니라 '먼저 준비할 수 있는 것'입니다. 작은 리서치부터, 짧은 요약 한 줄부터 내가 할 수 있는 보고를 스스로 훈련해 보십시오.

초보 보고자를 위한
레시피

보고의 초보자에게 있어 보고의 중요한 전제 조건은 상사의 일을 함께하는 것에서 출발하는 것입니다. "상사를 돕는다" 또는 "서로 윈윈해야 한다" 등의 말이 있습니다. 이는 상사와 내가 호혜적인 관계라는 뜻입니다. 즉, 서로 이익을 주고받는 관계입니다. 상사의 일을 돕는 것이지만 나 자신에게도 좋은 것이 바로 보고입니다. 간혹, 상사로부터 지시받은 업무를 상달*하는 데 급급해서 보고 이후 스스로 얻은 것이 없는 공허함을 느끼는 구성원들이 있습니다. 보고는 분명 열심히 했는데 "남는 게 없다"라고 느낀다면 한 번쯤 되돌아봐야 합니다. 특히, 초보 보고자에게 보고 경험은 앞으로 커리어 성장에 있어 매우 중요합니다. 보고가 두렵고 스트레스가 되는 순간 직장 생

- 조직이나 집단 내에서 상위자에게 의견, 보고, 요청 사항 등을 전달하는 것입니다.

활 자체가 스트레스가 될 수 있습니다. 초보 보고자에게 다음과 같은 '보고의 3단계'가 도움이 될 수 있습니다.

첫 번째 단계, 보고를 통해 무엇을 얻고자 하는지 명확히 하고, 현재 상황에 대한 정보를 상사와 충분히 교류해야 합니다. 이 단계에서는 상사와 나 사이의 문제 인식에 어떤 간극이 있는지 파악하고, 보고의 주제와 니즈를 정확히 이해하는 것이 중요합니다. 보고를 잘하는 사람들은 이 첫 번째 단계에 많은 시간과 에너지를 투자합니다. 그만큼 매우 중요한 과정입니다. 또한 이 단계는 상사를 통해 **기준 확립하기**를 해야 합니다. 다음과 같은 질문을 통해 기준 안에서 해결책을 찾는 노력을 해야 합니다. 예를 들어, "무슨 기준으로 해야 합니까? 프로세스 압축해도 될까요? 이건 아예 하지 말까요? 새로운 시스템을 반영해도 되나요? 다른 팀과 콜라보해도 되나요? 버짓을 더 써도 되나요?" 등과 같이 기준을 찾는 질문을 통해 보고의 틀을 잡아야 합니다.

두 번째 단계, 흔히 **중간보고하기**라고 불립니다. 글로벌 회사에서는 이를 캐치업 미팅 Catch-up meeting이라고 부르기도 합니다. 그런데 많은 사람들이 중간보고라고 하면 완성에 가까운 보고를 해야 한다고 생각해, 이 과정을 생략하는 경우가 많습니다. 차라리 중간보고를 하느니 그 시간에 더 집중해서 완성도 높은 최종 보고를 준비하겠다는 판단을 하기도 합니다. 보고의 최종 목적지는 상사의 기대와 맞아야 합니다. 중간보고는 지금까지의 진행 방향이 상사의 기대와 일치하는지 점검하는 단계입니다. 이 과정을 통해 엉뚱한 방향으로 시간을 낭비하는 일을 막을 수 있습니다.

상사도 처음엔 명확하지 않았던 기대나 관점을 중간보고를 통해 구체화하는 경우가 비일비재합니다. 다양한 주제와 문제를 다루는 상사의 경우 본인도 무엇에 더 집중하고 어떤 정보가 더 중요한지 우선순위를 혼동하는 경우가 있기 때문입니다. 이 단계를 통해 초보 보고자뿐만 아니라 상사도 보고의 관점과 기대를 다시 확인할 수 있습니다. 중간보고는 '미완의 결과'를 공유하는 것입니다. 이 단계에서 상사의 피드백을 적극 반영하면 최종 보고의 완성도가 훨씬 높아지고 수정과 보완에 드는 시간이 현저히 줄어듭니다. 보고는 단순한 결과 전달이 아니라 상사와의 협업 과정입니다. 중간보고를 통해 상사와 자주 소통하고 과정을 공유하다 보면, 서로에 대한 이해가 깊어지고 신뢰도 쌓이게 됩니다. 이렇게 형성된 신뢰는 최종 보고를 훨씬 수월하게 만드는 기반이 됩니다. 가끔 보면, 보고를 별 준비 없이도 쉽게 통과시키는 동료가 있습니다. 겉으로 보기에는 간단해 보이지만, 사실 그 과정에는 수많은 중간보고를 통한 상사와의 신뢰 축적이 숨어 있는 경우가 많습니다.

마지막 단계는 **설득하기**입니다. 보고의 궁극적인 목표는 성과를 내는 데에 있습니다. 상사가 보고를 요청했다는 것은, 그 보고가 상사의 목표에 직접적인 영향을 미쳐야 한다는 뜻입니다. 보고는 단순한 상황 전달이나 답변이 아니라, 설득의 영역입니다. 지금 무엇이 문제인지, 그 문제로 인해 어떤 현상이 나타났는지, 기준은 무엇인지, 그렇기 때문에 어떤 결론이 도출되어야 하는지를 논리적으로 설명해야 합니다. 설득은 상사의 입장에서 가장 답답한 점이 무엇일지를 고민하는 데에서 출발합니다. 실제 보고의 마지막 단계인 이 '설득하기'를 효과적으로 수행하기 위해서는 다음 세 가지 시나리오 기법이 도움이 될 수 있습니다.

- 시나리오 1 - 내가 상사를 설득하는 입장에서의 시나리오
- 시나리오 2 - 상사의 입장이 되어 나를 설득한다고 가정하는 시나리오
- 시나리오 3 - 제3자의 전혀 다른 관점에서 상사를 설득하는 시나리오

이처럼 서로 다른 세 가지 관점에서 설득의 시나리오를 구성해 보면, 보다 균형 잡힌 논리와 설득력을 갖춘 보고를 준비할 수 있습니다. 특히, 신입 사원이 보고를 해야 할 경우 정보와 인사이트를 확보하기 어려운 상황은 자연스러운 일입니다. 내부 네트워크를 활용하는 것이 중요하다는 걸 알면서도 실제로 어떻게 시작해야 할지 막막할 수 있죠. 신입 사원을 위한 보고의 팁은 "내부 네트워크를 활용하라"라고 요약할 수 있습니다.

① 작은 부탁부터 시작하기

작고 구체적인 부탁은 네트워크의 첫 단계를 만드는 데 유용합니다. "혹시 이 주제에 대해 간단히 커피챗 Coffee chat 해 주실 수 있나요?", "예전에 비슷한 보고를 하셨다고 들었는데 자료를 잠깐 볼 수 있을까요?" 등의 멘트를 활용해 보세요.

② '정보는 흘러 다니는 곳에 있다'는 원칙 기억하기

내부 게시판, 메일 뉴스레터, 회의록, 타 팀의 자료 등도 훌륭한 정보의 출처입니다. 사람만이 아니라 '문서'와 '흐름'을 읽는 습관도 중요합니다.

③ 기록하고 정리하기

얻은 정보는 꼭 개인 노트나 문서로 정리해 두세요. 그래야 나중에 후배에게도 "그건 이렇게 하면 돼요" 하고 도와줄 수 있습니다. 이 과정이 곧 나만의 인사이트가 됩니다.

다른 사람보다
하나 더 생각하라

김 대리와 최 대리는 같은 학교 출신의 입사 동기입니다. 영업 마케팅에 근무하면서 각자 맡은 영업 품목만 다를 뿐 업무 프로세스와 메커니즘은 같습니다. 올 1월 승진 발표에서 최 대리가 과장으로 승진하고 김 대리는 승진하지 못했습니다. 아무리 생각해도 자신이 왜 승진을 못 했는지 이해할 수가 없지만 회사 결정이니 참고 몇 개월을 지냈습니다. 하지만 사람들은 김 대리 앞에서 최 대리를 최 과장이라고 부르고 이전과는 달리 참여하는 미팅의 수준도 나와 다르다는 걸 알았습니다. 시시콜콜 따지기보다는 나를 알아주지 않는 회사가 원망스럽고 상사도 나를 밀어 줄 사람 같지도 않아 그만두기로 결심합니다. 상사에게 찾아가 퇴사 통보를 합니다. 그만두는 상황에서 김 대리는 서운한 마음으로 상사에게 물어봅니다.

김 대리: 제가 지난 1월에 왜 승진이 안 됐습니까? 같이 입사한 최 대리는 승진했는데….

최 상무: (머뭇거리다가) 김 대리님은 앞으로 다른 곳에 가셔도 일을 잘하실 겁니다. 하지만 이곳을 떠나기 전 최 대리가 왜 승진했는지 알고 싶다고 하셨으니 최 대리의 승진에 영향을 끼친 사례를 하나 말씀드리겠습니다.
어느 날 최 대리님에게 경쟁사 매장에서 지금 무엇을 주력으로 팔고 있는지 보고해 달라고 했습니다. 얼마 뒤 최 대리님은 경쟁사 매장에서 건강 보조 식품을 주력으로 팔고 있다고 보고하면서, 수도권 전체 매장에서 대략 몇 가지 건강 보조 식품을 팔고 있고 고객 반응은 어떤지까지 조사해서 보고했습니다. 여기에 그치지 않고, 샘플로 가장 잘 팔리는 건강 보조 식품을 가져왔습니다. 그리고 가장 큰 매장에 근무하는 직원으로부터 다음 달에 건강 보조 식품 전문 코너를 준비할 예정이라는 정보까지 입수해 추가로 보고했습니다.
세세한 부분까지 비교해서 말씀드릴 수는 없으나 최 대리님의 이런 점이 이번 승진에 가장 큰 영향을 미친 것은 사실입니다.

정리하자면, 김 대리는 눈앞에 놓인 문제만 생각하고 사고하지 않은 반면 승진한 최 대리는 보이는 사안을 통해 생각을 하고 더 나아가 사고했기 때문에 업무 성과가 김 대리와 분명 달랐던 것입니다. 여기에서 보고를 잘하는 사람과 그렇지 않은 사람의 차이를 알 수 있습니다. 그것은 생각의 차이입니다. 좀 더 구체적으로 표현하자면 사고하는 차이라고 할 수 있습니다. 사고와 생각의 차이를 쉽게 비교

구분	사고하다	생각하다
의미	논리적, 분석적	감정적, 직관적
영어 표현	Thinking / Process of thinking	Thought, Idea
예시	비판적 사고, 문제 해결 사고	좋은 생각, 번뜩이는 아이디어

하면 위의 표와 같습니다.

    보고를 잘하는 사람은 당장 눈앞의 사안에 대응하기 위한 생각만을 하지 않습니다. 더 나아가 사고합니다. 이는 단지 아이디어가 뛰어남을 의미하는 것이 아니라 남들보다 한 걸음 더 내딛는 사고의 힘이 있다는 말입니다. 큰 시야를 가지고 목표를 향해 고민하고, 남들보다 앞서 생각합니다. 그렇기 때문에 차별화된 보고를 할 수 있습니다.

HOW식 보고를 하라

보고를 준비하면서 누구나 경험하는 것은 'WHY'에 빠지는 함정입니다. '왜'라는 함정에 빠지면 거기서부터 보고는 산으로 가기 쉽습니다. 보고의 상황, 소재, 문제는 수없이 많습니다. 그때그때 요구된 보고를 주제에 따라 나누고 주제별 별도의 전략을 짜고 그럴 시간이 없습니다. 특히, AI의 출현은 이럴 시간을 허락하지 않습니다. 즉각적인 문제 해결을 위한 접근을 요구합니다.

보고 방식과 채널에 상관없이 보고에서 서론이 길면 일단 보고의 피드백이 좋을 리 없습니다. 서론이 길다는 건 보고의 핵심인 문제 해결보다 문제의 원인 및 배경에 시간을 많이 할애했다는 뜻입니다. 보고의 서론은 챗GPT를 통해 단 몇 분 만에 해결할 수 있습니다. 회사 고유의 원인과 배경도 이미 보고를 받는 상급자 또는 구성원들은 모두 알고 있습니다. 서론에 시간을 많이 할애했다는 것은 WHY

의 함정에 빠진 대표적인 결과입니다.

과거 상사가 부하 직원에게 요구하는 대부분의 보고는 현황을 파악하고 정리해서 분류하여 제출하는 것이었습니다. 즉, 원인을 찾아내는 것이 보고의 모든 것이었습니다. 원인을 바탕으로 의사 결정권자는 과제를 도출하고 다시 그 과제를 부하 직원과 논의하고 보고로 정리하고 실행했습니다. 의사 결정권자를 위한 데이터 센터 그리고 어시스턴트 역할을 위한 보고가 대부분이었습니다. 이를 WHY식 보고라고 할 수 있습니다.

하지만 지금은 어느 누구도 의사 결정권자를 위한 WHY식 보고를 하지 않습니다. 지금은 HOW식 보고가 요구됩니다. 그렇다 보니 조직에서 그동안 보고를 많이 했다는 구성원들조차 변화하는 보고에 익숙지 않습니다. HOW식 보고에 대한 노하우도 많지 않습니다. 그러면서 조직은 경험과 노하우가 무색해지는 경험을 합니다. 이런 변화는 AI 등의 기술이 조직의 일상 업무에 들어오면서 더욱 가속화되었습니다. 선임이 아는 것은 이미 챗GPT나 조직 내 시스템을 통해 축적된 모든 것입니다. 그렇다 보니 자연스럽게 조직 내 보고는 연차순이 아닌 능력과 역량을 기준으로 바뀌었습니다.

- WHY식 보고 – 문제의 원인을 찾는 것에서부터 시작
- HOW식 보고 – 문제를 해결하기 위한 방안에 초점

HOW식 보고는 무엇일까요? HOW식 보고는 문제를 바라보는 관점부터 WHY식 보고와 다릅니다. WHY식 보고는 문제의 원인을 찾는 것에서부터 시작하지만, HOW식 보고는 문제를 해결하기 위한 방안에 초점을 맞춥니다. 원인을 분석하는 과정에 더 이상 시간을 소모할 필요가 없기 때문에 문제 해결에만 집중하는 것입니다. <u>설령 보고의 과제가 원인과 배경을 요구하는 것이라 할지라도 그 원인과 배경을 통해 예상되는 문제와 더 나아가 그 문제를 어떻게 해결해야 하는지까지 보고에 담아야 합니다.</u>

보고의 관점이 달라진다는 것은 단순히 새로운 프로세스에 적응하는 것과는 다릅니다. 일의 변화뿐만 아니라 개인의 사고의 전환이 필히 요구되는 일입니다. 지난 수년 동안 또는 수십 년 동안 문제를 바라보는 관점을 바꾼다는 것은 그동안 관성으로 익숙한 것에서 벗어나는 일입니다. 이미 우리는 보고가 일이 된 현실에서 일하고 있고 HOW식 보고로 전환된 시대에서 일하고 있습니다. 변화를 적응의 대상으로 바라보는 관점에서 변화를 이끄는 관점으로 일의 초점을 전환해야 합니다.

자신의 답을 가져가라

보고를 단순히 사실을 나열하는 수준에 머무는 것이 아니라, 팩트 위에 의견을 더하고 최종 해결책까지 제시하는 구조로 설계하는 것은 보고하는 사람이 전략적 파트너로 성장하는 중요한 분기점이 됩니다.

흔히 팩트 체크Fact check라고 부르는 내용은 보고의 핵심이 아니라, 그다음에 나올 의견과 제안의 설득력을 높이기 위한 기초 자료입니다. 하지만 단순한 사실 확인과 상황 전개는 이미 AI가 더 빠르고 정확하게 대체하고 있으며, 이 단계는 더 이상 보고의 핵심이 아닙니다. 보고의 진짜 가치는 그다음, '판단'과 '제안'의 영역에서 발휘됩니다.

<u>보고는 항상 '보고를 듣는 사람이 답을 가져갈 수 있도록' 설계되어야 합니다.</u> 구조적으로는 다음과 같은 흐름이 바람직합니다.

① 팩트를 먼저, 의견은 다음에

예: "4분기 매출이 8% 하락했습니다. 제 의견으로는 가격 정책보다 유통 채널 전략의 실패가 더 큰 원인입니다."

→ 보고의 초점이 '무엇이 일어났는가'에서 '왜 일어났는가'로 자연스럽게 이동하며, 보고자의 분석력이 드러남.

② 근거 있는 의견 제시

예: "저는 A 방안보다 B 방안을 추천드립니다. 그 이유는 실행 가능성이 높고, 기존 자원을 최대로 활용할 수 있으며, A 방안의 문제점은 이미 다수의 사실로 확인되었습니다."

→ 구체적인 비교와 이유 제시는 보고 내용을 더 신뢰하게 만듦.

③ 항상 옵션과 제안을 함께 제시

예: "이번 개인 정보 유출 사건에 대한 대응 방안으로는 A, B, C 세 가지가 있으며, 제가 제안하는 안은 B안입니다."

→ 선택지를 제시하고 그중 하나를 명확히 추천하면, 듣는 사람 입장에서 의사 결정이 훨씬 수월해지고 보고자에 대한 신뢰도 높아짐.

이러한 보고 방식은 의사 결정권자 입장에서 매우 매력적입니다. 단순한 정보 전달이 아니라 스스로 사고하고 해석하는 사람이라는 인식을 주며, 결과적으로 실제 업무에서 더 많은 신뢰와 지원을 얻게 됩니다. 이는 물리적·심리적 자원의 확보로 이어져 보고자의 실질적인 성과 창출에도 긍정적인 영향을 줍니다.

결국, 자신의 의견을 분명히 표현하는 것이 매우 중요합니다. 다음과 같은 문장을 적극적으로 사용하는 것이 좋습니다.

- "제 경험상…."
- "저는 이렇게 해석했습니다."
- "제 판단으로는…."
- "제가 제안드리고 싶은 것은…."

보고의 마지막은 단순한 마무리가 아니라 보고 설계의 종결입니다. 처음부터 끝까지 전략적으로 구성된 보고는, 전달하는 사람을 전략 파트너로 성장시킬 수 있는 가장 강력한 도구가 됩니다.

누가 보고하는가?

보고는 누가 하는 것일까요? 그동안 우리에게 매우 익숙한 조직 환경에서는 실제 일을 수행하고 그 결과를 가장 잘 아는 사람이 보고하는 것이 원칙이었습니다. 보통 팀 목표를 책임지는 리더, 실무 책임자 또는 프로젝트 리더들이 보고를 하게 됩니다. 즉, **정보에 가장 가까운 현장 책임자**들이 우선 보고의 책임이 있습니다. 다음으로 **보고의 목적과 맥락을 이해하는 사람**이 보고를 해야 합니다. 무슨 일을 했는가를 보고하는 것뿐만 아니라 이걸 왜 보고해야 하는지 그리고 어떤 의사 결정과 연결이 되어 있는지 아는 사람이 보고를 해야 합니다. 보고는 단순 정리나 전달이 아니라 상황 판단과 해석을 요구하기 때문입니다. 같은 내용을 보고하더라도 '이 건은 업데이트된 정보 공유', '이 건은 승인 요청', '이 건은 리스크 보고', '이 건은 변경된 가이드' 등으로 구분하고 보고할 줄 알아야 합니다.

마지막으로 보고는 **의견과 제안을 말할 수 있는** 사람이 해야 합니다. 상사는 "어떻게 할까요?"라고 말하는 보고보다 "저는 이렇게 제안드리고 싶습니다"라는 보고를 듣고 싶어 합니다. 따라서 판단력과 책임감을 가진 사람이 보고를 해야 합니다. 결국 보고는 가장 정확한 정보를 가지고 그 정보를 조직의 맥락에 맞게 해석하고 제안할 수 있는 사람이 해야 합니다.

하지만 많은 인원이 하이어라키* 구조로 나눠 일하던 시대는 지나고 지금은 소수 정예팀이 유연하게 협업하며 빠르게 실행하고 변화하는 민첩한 조직이 주류가 되었습니다. 과거 조직에서 보고는 주로 팀장 이상의 관리자들의 몫이었습니다. 보고를 위한 준비 단계는 이하 구성원들이 담당했습니다. 그래서 승진을 하면 보고를 위한 준비 작업보다 직접적으로 의사 결정권자인 상사 또는 임원들에게 보고하는 일이 주 업무가 되었습니다.

지금은 어떨까요? AI가 사무 환경에 들어오면서 모든 사람이 보고의 주체이자 보고 준비자가 되었습니다. 과거에는 누군가의 요청으로 보고를 했지만, 지금은 아무도 요청하지 않을 수 있습니다. 옆에 있는 동료는 보고 준비로 하루가 바쁩니다. 이런 모습을 보며 '나

---

* 하이어라키(Hierarchy)는 조직이나 집단 내에서 직급, 직책 등에 따라 상하 관계가 명확히 구분되어 있는 구조를 말합니다.

는 다행이다. 보고할 일이 없어서…'라고 생각한다면 내일 당장 내 자리가 없어져도 이상하지 않을 수 있습니다. 지금 조직에서 보고할 일이 없다는 것은 내 역할이 더 이상 필요 없거나 나 스스로 일을 기획하고 결과를 만들어 내는 능력이 없다는 걸 방증하는 것일 수 있습니다. AI 조직에서는 보고가 곧 일이기 때문입니다. 보고할 일이 없다는 것은 내가 일을 안 하고 있다는 말과 같을 수 있습니다. 이것이 AI 시대 AI 조직에서 우리가 어떻게 일해야 하는지를 생각하게 합니다.

보고를 주도적으로 하는 사람과 수동적으로 하는 사람의 특징과 일의 결과는 어떻게 다를까요? 당연히 보고를 주도적으로 하는 사람은 조직 내에서 중요한 역할을 하게 됩니다. AI가 데이터를 제공해 줄 수는 있지만, 어떤 정보가 중요한지를 판단하는 것은 여전히 사람의 몫입니다. 이처럼 선제적으로 정보를 해석하고 맥락화해 보고하는 사람은 조직 내에서 정보의 흐름을 주도하게 되며, 자연스럽게 의사 결정의 기준이 됩니다. 보고는 단순한 전달이 아니라 방향을 제시하는 과정입니다. 따라서 주도적으로 보고하는 사람은 상위 의사 결정에 영향을 미치고, 전략의 흐름을 이끄는 인물로 자리 잡게 됩니다. 또한 이런 사람은 조직 내에서 존재감이 뚜렷합니다. 아무리 AI와 협업하더라도, '결국 누가 결정했는가'는 명확하게 드러나기 마련입니다. 보고를 주도하는 사람은 그 결정의 중심에 있는 인물로 인식되며, 눈에 띄는 인재로 자리매김합니다. 자연스럽게 신사업이나 전략 프로젝트 등 주요 업무에 참여할 기회를 더 많이 얻게 되고, 이는 빠른 성장으로 이어집니다. 이 의미는 개인의 커리어 성장과 조직의 성장, 이렇게 두 가지의 성장을 의미하는 것입니다.

무엇보다 중요한 점은 AI를 어떻게 활용하느냐입니다. 주도적으로 보고하는 사람은 단순한 요약이나 정리는 AI에게 맡기고, 본인은 보고의 전략과 전달 방식을 설계하는 데 집중합니다. <u>즉, AI를 도구로 활용하며 사람만이 할 수 있는 사고와 판단의 영역에서 경쟁력을 발휘하는 것입니다.</u>

반대로, 보고를 수동적으로 하는 사람은 점점 조직 내에서 입지가 약해질 수밖에 없습니다. AI가 제공한 데이터를 단순히 정리하는 수준에 머문다면, 해석력과 판단력이 드러나지 않아 점차 주변으로 밀려나게 됩니다. 요약은 누구나 할 수 있는 일이고, 누가 했는지 기억되지 않는다는 점에서 대체 가능성이 매우 높아집니다. 더 나아가 이런 사람은 데이터의 흐름 속에서 방향을 잡지 못하고 조직의 맥락에 맞는 정보 구조화도 어려워집니다. 결국 의사 결정에 기여하지 못하고, 반복적 보고는 AI에게 밀려 역할이 사라질 위험도 존재합니다. 이처럼 보고 역량이 부족하면 전략적 감각도 부족하다고 간주되어, 중요한 프로젝트나 성장 기회에서 자연스럽게 제외될 수밖에 없습니다.

결국 보고를 잘한다는 것은 단순히 말을 잘하거나 자료를 잘 만드는 것을 넘어서, 조직의 흐름을 읽고 방향을 제시할 수 있는 사람으로 성장해 가는 과정입니다. 그리고 이 과정에서 AI는 경쟁자가 아닌, 전략적으로 활용해야 할 도구입니다.

도대체
누가 보고를 잘하는가?

보고에서 '사람'의 중요성은 아무리 강조해도 지나치지 않습니다. 보고하는 사람을 말할 때 우리는 다음 세 가지 유형을 짚어 볼 수 있습니다.

- 보고를 잘하는 사람
- 보고를 못하는 사람
- 보고를 무서워하는 사람

지난 25년 이상 인사 업무를 하며 수많은 보고 안건과 다양한 보고자들을 접해 왔습니다. 그 과정에서 저 자신을 포함해 '어떻게 하면 보고를 더 잘할 수 있을까'를 끊임없이 고민하고 돌아보는 것이 일상이었습니다.

직급이나 역할에 상관없이 보고를 유독 잘하는 사람들이 있습니다. 그들은 왜 보고를 잘하는 걸까요? 보고는 입사 후 신입 사원 교육이나 사내 교육에서 제대로 다루는 경우가 드뭅니다. 그렇다면 보고를 잘하는 사람들은 도대체 무엇이 다른 걸까요? 이 질문에 대해 생각해 보지 않을 수 없습니다.

보고를 잘하는 사람들에게는 몇 가지 공통적인 역량이 있습니다. 가장 두드러지는 특징은 이슈와 결론을 빠르게 파악하고 요약할 수 있는 **핵심 파악 능력**입니다. 이를 바탕으로 문제를 구조화하고, 보고를 받는 사람의 관점에서 내러티브 기법*을 활용해 정보를 효과적으로 전달합니다. 또한 이들은 객관적인 사실에 기반한 데이터와 근거를 토대로 **명확한 판단과 제안**을 내놓습니다. 마지막으로, 질문을 두려워하지 않고 답변하는 **자신감**을 갖추고 있습니다.

예를 들어 보고를 잘하는 A 과장은 매주 회의에서 진행 사항을 서너 개의 중요 항목 Bullet point 으로 요약해서 정리·보고합니다. 이 보고를 받은 임원은 "A 과장의 보고는 듣기만 해도 프로젝트 진행 상황이 한눈에 보인다"라고 평가합니다. A 과장의 보고서나 회의 노트는 동료들 사이에서 참고 자료로 자주 공유되고 인용됩니다.

---

* 내러티브(Narrative) 기법이란, 독자의 감정과 이해를 끌어내는 이야기 구성 방식으로, 보고에도 매우 유용하게 활용됩니다.

보고를 잘하는 사람들 대부분은 일머리가 뛰어납니다. 이를 풀어서 표현하면 '일의 감각' 또는 '일하는 센스'라고도 할 수 있습니다. 우리가 일상적으로 마주하는 조직 내의 상황들은 정답이 정해져 있지 않은 경우가 많습니다. 아무리 기준과 절차를 잘 세워도 예외적이고 돌발적인 상황은 피할 수 없습니다. 이는 일이 명확하냐, 모호하냐, 복잡하냐, 단순하냐의 문제가 아닙니다.

<u>그렇다면 일머리가 있다는 것은 무엇을 의미할까요? 다시 말하면 맥락을 이해하는 사람, 즉 '맥락을 아는 사람'이라고 할 수 있습니다.</u> 보고를 잘하는 사람들은 이처럼 일의 맥락을 읽는 능력이 뛰어납니다. 어떤 주제에 대해 보고할 때, 세부 사항 Detail보다 맥락 Context을 읽는 넓은 시선이 더 중요합니다. 이들은 보고 전에 철저히 준비하고, 꼼꼼하게 프로세스를 따라가며, 전체 흐름을 놓치지 않습니다. 왜냐하면 조직에서 우리가 하는 대부분의 일은 반복적이며, 그 반복 안에 숨겨진 구조와 흐름을 이해해야 더 잘할 수 있기 때문입니다. 일의 맥락이 왜 중요한지, 보고를 잘하는 사람들은 이미 알고 있습니다.

반대로 보고를 잘 못하는 사람들의 특징은 사전 준비가 부족하고, 상황에 대한 즉각적인 대응에만 집중한다는 점입니다. 결국 전체 흐름과 맥락은 놓친 채 눈앞의 일을 급히 해결하려다 디테일에만 매몰되는 경향이 있습니다. 예를 들어 보겠습니다.

B 대리는 "일단 다 설명하고 나면 알아서 이해하시겠지"라는 생각으로 10분이 넘도록 보고를 이어 갑니다. 결국 상사가 "그래서 결론이 뭔가요?"라며 말을 끊습니다. 지켜보던 팀장도 지쳐, 다음부터는 자신이 직접 보고하겠다고 마음먹습니다. 이런 유형의 특징은 다음과 같습니다.

- 상사가 원하는 정보보다 자신이 말하고 싶은 내용을 중심으로 전달한다.
- 자기중심적인 보고를 하며, 말이 길고 핵심이 없다.
- 보고의 구조가 없고, 단순 나열식으로 정보를 전달한다.
- 문제의 본질이나 해석 없이 상황을 나열한다.
- 보고 중 상사의 표정이나 반응을 파악하지 못하고, 혼자만의 흐름에 몰입해 말을 이어 간다.
- "제가 보기엔…", "아마도 그런 것 같습니다" 같은 주관적이고 추측성 표현을 자주 사용한다.

한편 C 대리는 "자료를 더 정리해야 한다"며 보고를 계속 미룹니다. 팀장이 "지금까지의 진행 상황이라도 공유해 주세요"라고 수차례 요청했지만 "아직 정리가 안 됐다"는 이유로 보고하지 않습니다. 결국 팀장은 "보고를 안 하는 것이 더 큰 리스크"라며 C 대리를 더 이상 신뢰하지 않게 됩니다. C 대리는 보고를 두려워하는 유형입니다.

실수나 지적당하는 것이 두려워 보고를 미루거나 피하려고 합니다.

- 모든 것이 완벽히 정리되어야 보고할 수 있다고 생각한다.
- 평소 상사의 작은 반응에도 위축되며, 말실수 하나에도 크게 당황한다.
- 업무 피드백을 부정적으로 받아들여 개선이 어렵다.
- 보고 자체를 단순한 업무 공유가 아닌 '평가'로 인식하여 시험 보는 것처럼 느끼기도 한다.

보고를 어려워하는 구성원에게 조직과 상사는 적극적으로 개입해야 합니다. 1:1 피드백, 코칭, 워크숍, 롤플레잉 등 다양한 방식을 통해 보고 역량을 키울 수 있도록 지원해야 합니다. 물론 개인도 보고의 중요성을 인식하고 적극적으로 소통하고 개선하려는 노력이 필요합니다. 보고는 특정인의 일이 아니라 모두의 일이기 때문입니다.

구분	보고를 잘하는 사람	보고를 못하는 사람	보고가 무서운 사람
핵심 정리	빠르고 명확	우왕좌왕	말도 못 꺼냄
상사 반응	민감하게 반응	무시함	위축됨
태도	자신감 있음	자기중심적	불안감 높음
대응력	질문에 유연함	질문 시 방어적	질문에 겁먹음

보고는 감정 노동이다
: 감정을 조율하는 법

보고는 단순히 데이터를 전달하고 정보를 공유하는 행위처럼 보입니다. 그러나 실제 보고는 사람과 사람 사이의 감정과 관계를 오가는 고강도 커뮤니케이션입니다. 이유는 간단합니다. 보고의 본질은 '설득'이기 때문입니다. 상사는 보고를 통해 판단하고 지시하고 책임을 집니다. 보고자는 그 판단에 영향을 줄 수 있도록 정리하고 설명하고 설득합니다. 여기엔 필연적으로 감정이 섞입니다. 다음은 보고 현장에서 자주 경험하는 감정입니다.

- 불안: "틀리면 어쩌지", "내가 잘못 알고 있는 건 아닐까?"
- 긴장: "상사의 기분이 안 좋은데 지금 보고해도 될까?"
- 좌절: "자료는 밤새 만들었는데 피드백은 싸늘하네…."
- 억울함: "이건 내 책임이 아닌데 왜 나만 지적당하지?"

- 분노: "보고할 기회조차 없이 결정이 내려지다니!"

보고자는 늘 정보와 감정 사이, 논리와 관계 사이를 줄타기합니다. 감정 조율을 위한 3단계 전략을 살펴보겠습니다.

1. 감정 인식하기

보고를 잘하는 사람은 감정을 억누르거나 무시하지 않습니다. 오히려 '지금 내가 어떤 감정 상태인지'를 정확히 인식합니다. 스스로에게 질문하세요. "지금 내가 불안한 이유는 무엇인가?" "상사의 반응보다 내가 두려워하는 건 뭘까?" 감정은 관리의 대상이기 전에 먼저 '인식'의 대상입니다.

저는 특히 긴장되고 불안한 보고를 앞둔 날에는 출근길에 혼자 소크라테스식 대화를 하며 그 불안의 실체를 탐색해 봅니다. 그렇게 스스로에게 질문을 던지다 보면, 막상 두려움의 실체가 없다는 것을 깨닫게 됩니다. 실제로 일어나지 않을 일에 대한 막연한 걱정이 불안과 긴장을 키우고 있었던 것이지요. 저는 이런 방식으로 제 감정을 인식하는 데 도움을 받습니다.

2. 반응 대신 대응하기

보고 중 피드백이 날카롭거나 불쾌하게 느껴질 수 있습니다. 그러나 즉각적인 감정 반응(표정, 말투, 방어)은 오히려 보고의 흐름을 해칩니다.

- 감정을 느끼되, 표현은 '한 박자 늦게'
- 피드백의 '톤'이 아니라 '내용'에 집중
- "말씀 주신 부분 중 ○○는 바로 반영 가능할 것 같습니다"처럼 구체적 대응으로 전환

3. 보고는 내가 아닌 '일'에 대한 피드백임을 기억하기

보고를 들으며 상사의 말이 곧 '나'에 대한 평가처럼 느껴지는 순간이 많습니다. 그러나 대부분의 피드백은 '보고 내용'에 대한 것이지 '당신의 인격'에 대한 것이 아닙니다. 피드백을 내면화하지 말고 객체화하는 것이 중요합니다. "나는 부족한 사람인가 보다"라고 바라보는 것이 아니라 "이번 자료 구성 방식은 보완이 필요하구나"라고 관점을 달리하는 것입니다. 많은 직장인들이 사람이 힘든 건지 일이 힘든 건지 구분하기 힘든 이유도 여기에 있지 않을까요? 감정이 상했을 때 활용할 수 있는 몇 가지 표현법을 옆의 표에 정리했습니다.

 보고는 단순한 기술이 아닙니다. 그 안엔 사람과 사람이 맞닿는 미묘한 감정의 접점이 수없이 존재합니다. 감정 조율을 잘하는 보고자는 결국 조직 내 '신뢰'를 얻는 사람입니다. 상사의 말투보다 피드백의 본질을 듣고, 내 감정보다 일의 목적에 집중하세요. 보고의 감

상황	감정 대응 표현 예시
상사의 말이 과도하게 느껴질 때	"지적해 주신 점 감사드립니다. 다만 제 의도를 좀 더 설명드려도 될까요?"
보고 중 반박을 받았을 때	"말씀 듣고 보니 그 시각도 타당한 것 같습니다. 제가 간과한 부분이 있었네요."
예고 없이 보고가 취소될 때	"언제 다시 보고드리는 게 좋을지 안내 주시면 그에 맞춰 준비하겠습니다."

정 노동을 건강하게 해내는 사람만이 보고의 설득력을 갖춘 '고수'로 성장할 수 있고 누구나 함께 일하고 싶은 사람이 됩니다.

보고자는 배우다
: 연기력, 전달력, 리액션까지

보고를 잘한다는 건 단순히 말을 잘하는 것이 아닙니다. 보고는 상황에 맞는 연출, 타이밍을 조절하는 연기력, 상대의 반응을 살피는 리액션 능력이 모두 필요한 고도의 커뮤니케이션 기술입니다. 연설가가 아니더라도, 배우가 아니더라도 보고자는 현장에서 연기해야 하는 사람입니다. 왜냐하면 보고는 메시지를 '전달하는' 것이 아니라 '전달되게' 만드는 일이기 때문입니다. 흔히 '전달력'이라고 말하는데 그 전달력을 위해서는 몇 가지 요소들이 역할을 해야 합니다.

톤 - 말의 색깔을 조절하라

같은 내용도 톤이 다르면 전혀 다른 인상을 줍니다. 평서문도 자신감 있는 하강조로 말하면 명확해 보이고, 불확실한 어조는 오히려 보고 내용을 약하게 만듭니다. 전달력 있는 보고자들은 보고의 도입 →

전개 → 결론에 따라 톤이 다릅니다. 도입부는 또렷하고 낮게 시작하면서 전개 부분은 명확하게 단락을 구분하고 강조할 부분과 아닌 부분의 톤을 달리합니다. 결론은 간결하고 힘 있게 마무리하며 평범한 말에도 신뢰를 더합니다.

보고를 잘하는 사람들 중에 목소리가 좋지 않은 사람을 찾기 어려운 이유는, 그들이 선천적으로 목소리 톤이 좋은 경우보다, 목소리 톤에도 세심하게 신경 쓰고 꾸준히 연습하며 실제로 다양한 시도를 하기 때문입니다. 이런 과정을 통해 자연스럽게 목소리의 톤, 즉 목소리에 '컬러'가 입혀지게 되는 것입니다.

표정 - 무표정은 설득의 적

보고자가 표정 없이 보고한다면 리더는 보고자의 감정의 흐름을 읽기 어렵습니다. 예를 들어, 눈을 피하거나 긴장한 표정은 신뢰를 줄 수 없습니다. 설득력을 높이고 싶다면 보고하면서 자연스러운 미소와 함께 살짝 고개를 끄덕인다면 도움이 됩니다. 중요한 메시지 전에는 표정을 조금 정색하면서 상대를 긴장하게 만들고 결론부에서 미소를 짓는다면 메시지 대비 효과가 있습니다.

말은 의도적으로 조작하거나 포장할 수 있지만, 얼굴 표정은 진심을 더 잘 드러냅니다. 보고의 진정성과 설득은 말보다 얼굴 표정에서 더 강력한 힘을 발휘합니다.

타이밍 – 말보다 '쉼'이 중요하다

좋은 배우는 말보다 침묵을 연기할 줄 압니다. 보고 중 의도적인 멈칫함, 자료 넘기기 전 1초 쉼, 중요한 말 전의 정적이 메시지를 강화합니다. "이 수치는… (1초 멈춤) 단순한 숫자가 아닙니다." 이때 보고 전반의 집중을 유지하기 어렵다면, 의도적인 쉼을 통해 핵심 메시지를 선명하게 전달해야 합니다.

보고자의 리액션 기술

보고는 단방향이 아닙니다. 상사의 표정, 질문, 고개 끄덕임, 시선의 흐름 등을 읽고 즉각적으로 반응하는 쌍방향 리딩 기술이 요구됩니다. 예를 들어, 상사가 인상을 찌푸린다면 "혹시 설명이 부족했을까요?"라는 리액션으로 추가 설명을 할 기회를 얻을 수 있습니다. 상사가 보고 내용에 대해 피드백을 줄 경우 "지금 말씀하신 포인트에 대해 제 관점을 더 보태자면…"이라는 리액션으로 논의를 펼칠 수도 있어야 합니다. 보고자는 표정, 고개 끄덕임, 짧은 피드백으로 '경청하고 있다'는 메시지를 줘야 합니다. 예를 들면, "네, 이해했습니다" 또는 "좋은 포인트 지적해 주셨습니다" 같은 짧은 말도 리액션의 일부입니다. 보고를 잘하는 사람들이 일을 잘하는 사람으로 인식되는 이유가 '리액션 기술'에 있습니다.

보고자는 단지 말하는 사람이 아닙니다. 보고자는 '메시지의 배우'이며 '성과의 연출자'입니다. 연습하면 누구나 전달력이 달라질 수 있습니다. 작게는 말 한 마디, 크게는 전체 흐름까지. 당신의 보고는 더 설득력 있게 바뀔 수 있습니다.

| 에필로그

탁월함은 언어에서 완성된다

 책의 첫 장에서 우리는 '일의 언어', 곧 보고의 언어로 이야기를 시작했습니다.

 짧은 한 문장이 누군가의 판단을 이끌고, 또 다른 한 문장이 프로젝트의 방향을 바꿀 수 있다는 사실을 돌아보았습니다. 책장을 덮는 지금, 다시 한번 강조하고 싶습니다. 보고는 단순한 절차가 아니라 탁월함을 만드는 언어라는 것을요.

 인공지능이 보고서를 대신 작성하고, 데이터가 실시간으로 분석되는 시대에도 여전히 남는 공백이 있습니다. 바로 "어떻게 말할 것인가, 어떤 태도로 전달할 것인가"라는 질문입니다.

 그 질문에 답할 수 있는 것은 오직 사람뿐입니다.

여러분이 보고를 준비할 때마다, 이 책에서 나눈 원칙과 사례들이 작은 길잡이가 되기를 바랍니다. 때로는 솔직한 인정이, 때로는 명확한 구조가, 때로는 한 줄의 결론이 리더의 신뢰를 만들고 조직을 움직일 것입니다.

저 역시 완벽한 답을 가진 사람이 아닙니다. 지금도 현장에서 수없이 실수하고, 다시 배우며, 탁월함을 향해 하루를 살아갑니다. 제 개인이 특별히 대단해서가 아니라, 어제보다 오늘, 오늘보다 내일 더 나은 일과 삶을 꿈꾸기 때문입니다.

탁월함은 먼 곳에 있지 않습니다. 매일의 보고 속에서, 작은 대화 속에서, 그리고 스스로를 갈고닦는 꾸준함 속에서 완성됩니다. 이 책이 여러분에게 단순한 보고의 기술을 넘어, 일과 삶을 풍요롭게 만드는 언어가 무엇인지 함께 성찰하는 동반자가 되기를 바랍니다.

마지막으로 독자 여러분께 조용히 부탁드립니다. 책을 덮는 오늘, 스스로에게 이렇게 말해 보세요.

"나는 보고를 통해 일의 탁월함을 만들어 가는 사람이다."

그 말이 여러분의 내일을 더 단단하게 할 것입니다.

탁월함을 만드는 일의 언어

2025년 09월 25일 초판 01쇄 인쇄
2025년 10월 14일 초판 01쇄 발행

지은이 김은애

발행인 이규상 편집인 임현숙
편집장 김은영 책임편집 정윤정 책임마케팅 오은서
콘텐츠사업팀 강정민 정윤정 오희라 윤선애 오은서
디자인팀 최희민 두형주
채널 및 제작 관리 이순복 회계 김하나

펴낸곳 (주)백도씨
출판등록 제2012-000170호(2007년 6월 22일)
주소 03044 서울시 종로구 효자로7길 23, 3층(통의동 7-33)
전화 02 3443 0311(편집) 02 3012 0117(마케팅) 팩스 02 3012 3010
이메일 book100doci.com(편집·원고 투고) valva100doci.com(유통·사업 제휴)
블로그 blog.naver.com/100doci_ 인스타그램 blackfish_book X BlackfishBook

ISBN 978-89-6833-521-1 03190
ⓒ 김은애, 2025, Printed in Korea

블랙픽쉬는 (주)백도씨의 출판 브랜드입니다.
이 책은 저작권법에 따라 보호받는 저작물이므로 무단 전재와 복제를 금지하며,
이 책 내용의 전부 또는 일부를 이용하려면 반드시 저작권자와 (주)백도씨의 서면 동의를 받아야 합니다.

* 잘못된 책은 구입하신 곳에서 바꿔드립니다.